A ENCARNAÇÃO

Manuel Hurtado

A ENCARNAÇÃO

Debate cristológico na teologia cristã das religiões

Dados Internacionais de Catalogação na Publicação (CIP)
(Câmara Brasileira do Livro, SP, Brasil)

Hurtado, Manuel
A encarnação : debate cristológico na teologia cristã da religiões / Manuel Hurtado. – São Paulo : Paulinas, 2012. – (Coleção pesquisa teológica)

ISBN 978-85-356-3338-2

1. Encarnação   2. Igreja Católica   3. Teologia   I. Título.
II. Série.

12-11313   CDD-232.932

Índice para catálogo sistemático:
1. Encarnação : Teologia cristã : Cristianismo   232.932

1ª edição 2012
1ª reimpressão 2018

Direção-geral: *Bernadete Boff*
Editores responsáveis: *Vera Ivanise Bombonatto e Afonso M. L. Soares*
Assistente de edição: *Anoar Jarbas Provenzi*
Copidesque: *Cirano Dias Pelin*
Coordenação de revisão: *Marina Mendonça*
Revisão: *Sandra Sinzato*
Assistente de arte: *Ana Karina Rodrigues Caetano*
Gerente de produção: *Felício Calegaro Neto*
Projeto gráfico: *Wilson Teodoro Garcia*

Nenhuma parte desta obra poderá ser reproduzida ou transmitida por qualquer forma e/ou quaisquer meios (eletrônico ou mecânico, incluindo fotocópia e gravação) ou arquivada em qualquer sistema ou banco de dados sem permissão escrita da Editora. Direitos reservados.

Paulinas
Rua Dona Inácia Uchoa, 62
04110-020 – São Paulo – SP (Brasil)
Tel.: (11) 2125-3500
http://www.paulinas.com.br
editora@paulinas.com.br
Telemarketing e SAC: 0800-7010081
© Pia Sociedade Filhas de São Paulo – São Paulo, 2012

Sumário

Abreviaturas 9

Apresentação 11

Introdução 19

PARTE 1

A Encarnação e a teologia pluralista das religiões: John Hick 27
    A problemática 27
    Uma Encarnação metafórica: John Hick 28
    Rumo a uma nova perspectiva cristológica? 33
    Uma *kénosis* metafórica para uma Encarnação metafórica 36
    A Encarnação como mito ou metáfora 38
    Uma avaliação da concepção metafórica da Encarnação 40
    Retomada temática 45
    Uma consideração conclusiva 53

PARTE 2

Uma "cristologia da Aliança": Aloysius Pieris 59
    Um Cristo para além do dogma? A passagem do dogma ao *sutra* ... 59
    Uma mudança de paradigma em cristologia 64
    O papel da Encarnação na "cristologia da Aliança" 65
    A cristologia da Aliança e suas implicações
    para uma teologia das religiões 72
    A unicidade de Jesus *versus* a unicidade de Cristo? 75
    Os pobres como princípio integrador e a teologia das religiões 79
    Tal cristologia, tal teologia das religiões, tal o diálogo inter-religioso ... 82
    Uma conversa com Aloysius Pieris: algumas questões 87

Jesus, um entre muitos: Paul Knitter 93
    A inefabilidade do Mistério: consciência histórica e Encarnação 97

O universal e o particular 101
Encarnado "verdadeiramente", mas não "somente"…? 107
Uma conversa com Paul Knitter: algumas questões 113

Uma ação universal do *Logos* sem a carne: Jacques Dupuis 115
À procura de uma teologia cristã das religiões 117
A possibilidade de uma teologia cristã do pluralismo religioso 126
Justificação da possibilidade de uma ação salvadora
do Verbo enquanto tal...130
Uma conversa com Jacques Dupuis: algumas questões..................139

O Verbo encarnado, sacramento de uma economia mais vasta:
Claude Geffré 149
A teologia como hermenêutica..150
Pensar o Cristo como universal concreto..151
Unidade da história e Encarnação...157
Singularidade do Cristianismo e singularidade do Cristo 159
O paradoxo da Encarnação 163
Uma conversa com Claude Geffré: algumas questões....................166

PARTE 3

Elementos para uma teologia cristã das religiões..................................177
A Encarnação como crítica das teologias pluralistas extremas........180
A Encarnação como condição da comunicação
do que é próprio ao Filho de Deus..181
A Encarnação como *kénosis* e nossa relação com os outros crentes....183
Particularidade e universalidade da Encarnação 185
É possível uma teologia das religiões? 187

Referências bibliográficas 189
Estudos de teologia contemporânea 189
Teologia das religiões e diálogo inter-religioso...............................191
Textos do Magistério da Igreja Católica 199

"Eis aqui a serva do Senhor!
Faça-se em mim segundo a tua palavra."
(Lc 1,38)

"E *a Palavra se fez carne* e veio morar entre nós. Nós vimos a sua glória,
glória que recebe do seu Pai como filho único,
cheio de graça e de verdade."
(Jo 1,14)

"Temos, pois, irmãos, a ousadia de entrar no Santuário
pelo sangue de Jesus: pelo caminho novo e vivo
que ele inaugurou para nós,
passando através da cortina, quer dizer,
através da sua humanidade."
(Hb 10,19-20)

"Caríssimos, não acrediteis em qualquer espírito,
mas examinai os espíritos para ver se são de Deus,
pois muitos falsos profetas vieram ao mundo.
Este é o critério para saber se uma inspiração vem de Deus:
de Deus é todo espírito que professa *Jesus Cristo que veio na carne.*"
(1Jo 4,1-2)

"Acontece que se espalharam pelo mundo muitos sedutores,
que não professam Jesus Cristo vindo na carne."
(2Jo 7)

A tendência do diálogo é sempre fazer do outro um si-mesmo; não falar com ele senão de coisas sobre as quais se está de acordo anteriormente [...]. Ora, o verdadeiro diálogo tem lugar com o outro precisamente enquanto outro, o que supõe que ele seja verdadeiramente um crente e não um adepto de uma religião sociológica. Não é possível travar um diálogo senão com alguém que esteja convencido da verdade que recebeu.

Outro problema é o do fim que se deseja atingir. Trata-se de converter o outro, ou quer-se chegar ao que alguns chamam de um cinzento e monótono humanismo, isto é, uma espécie de acordo – fora das religiões estabelecidas – sobre a definição do ser humano na sua relação com o Transcendente?

O mistério da Trindade é impenetrável, mas nós podemos nos colocar de acordo sobre o sentido de nossa vida e sobre o que dela queremos fazer... Para dizer a verdade, um autêntico diálogo deveria começar sem saber aonde se quer chegar.

[...] Então, onde está a identidade do Cristo, a especificidade do Cristianismo em tudo isso? Não há dúvida de que na Ásia a mentalidade não é cartesiana. Frequentemente, e isso é bem conhecido, ela é sim e não. Daí a tendência nos diálogos de evitar, o quanto possível, as realidades encarnadas, muito cruas e muito visíveis, e situar o debate no nível das abstrações mais do que sobre a realidade concreta. Assim, o Cristo enquanto *Logos* é muito mais aceitável do que a realidade concreta de Jesus de Nazaré. O Reino de Deus é muito mais aceitável do que a Igreja, e os valores do Evangelho são muito mais aceitáveis do que a pessoa do Cristo enquanto tal.

É por essa razão que a Igreja reage, mesmo crendo profundamente no diálogo, quando, para torná-lo possível, toma-se um caminho de abstração que faz desdenhar da verdade da Encarnação na sua crua realidade.

A Encarnação produz problemas quase em todo lugar. O Cristo enquanto sábio será aceito; enquanto defensor dos pobres será muito bem recebido. Mas o Cristo Filho de Deus, segunda pessoa da Trindade, sendo judeu, é a pedra de tropeço das contradições que aparecem num diálogo de fronteiras intransponíveis.

P. H. KOLVENBACH

Abreviaturas

CBP	Commission Biblique Pontificale
CEDAM	Casa Editrice Dott. Antonio Milani
Cerf	Les Éditions du Cerf
CNS	Cristianismo Nella Storia
CTI	Commission Théologique Internationale
DCT	Dictionnaire Critique de Théologie
DDB	Desclée de Brouwer
DZH	Denzinger-Hünermann
EAPR	East Asian Pastoral Review
EAR	East Asian Review
EISD	The Ecumenical Institute for Study and Dialogue
FV	Foie & Vie
HTR	Harvard Theological Review
JR	The Journal of Religion
JSNT	Journal for the Study of the New Testament
LS	Louvain Studies
LV	Lumière & Vie
MS	The Modern Schoolman
NRT	Nouvelle Revue Théologique
PDTC	Petit Dictionnaire de Théologie Catholique
PT	Perspectiva Teológica
RB	Revue Biblique
REB	Revista Eclesiástica Brasileira

RevSR	Revue des Sciences Religieuses
RICP	Revue de l'Institut Catholique de Paris
RLT	Revista Latinoamericana de Teología
RS	Religious Studies
RSPT	Revue de Sciences Philosophiques et Théologiques
RSR	Recherches de Science Religieuse
RST	Religious Studies and Theology
RT	Revue Thomiste
RTL	Revue de Théologie de Louvain
SB	Studia Bobolanum
ScEsp	Revue Science et Esprit
TD	Theology Digest
TRICP	Transversalités. Revue de l'Institut Catholique de Paris
TS	Theological Studies
VE	Vie et Esprit
VFTW	Voices from the Third World
VJTR	Vidyajyoti Journal of Theological Reflection
VS	La Vie Spirituelle

Apresentação

A teologia atual não para de enfrentar problemas novos. Durante séculos dormiu o sono da Escolástica. Gozava da impressão de que resolvera todos os problemas e que lançava luz suficiente para a vida do cristão. A *Suma teológica* de Santo Tomás se nos impusera como obra de tal envergadura que pensávamos já não nos restar outra coisa senão aplicá-la à situação concreta da existência do fiel.

Veio a Modernidade. Rompeu-lhe o sólido arcabouço, ao trazer problemas da revolução científica, da subjetividade, da história e da práxis. Na França, a Nova Teologia desencadeia processo de renovação de toda a teologia. O Concílio Vaticano II assume-o como desafio fundamental em face de problemas que estavam aflorando. O fato de o Concílio ter-se proposto, a partir do discurso inaugural de João XXIII, a assumir postura ecumênica levou-o a iniciar atitude de diálogo para além das Igrejas cristãs, com o Judaísmo, com as outras religiões e com os não crentes.

Nas últimas décadas, a reflexão teológica debruçou-se sobre a problemática da religião e das religiões. Nada tão visível como a explosão religiosa nesses tempos pós-modernos. Existem desde movimentos religiosos vagos, espiritualistas com toques místicos, até a floração de tradições religiosas vindas do Oriente, da África, e nativas em nosso continente. A teologia cristã sentiu-se na absoluta necessidade de defrontar-se com tal nova situação.

O teólogo protestante inglês J. Hick e os teólogos católicos A. Pieris, P. Knitter, J. Dupuis e C. Geffré dedicaram estudos especiais a tão delicada temática, alargando os horizontes do diálogo. Afastaram-se tanto do exclusivismo católico tradicional que interpretava quase literalmente o *extra Ecclesiam nulla salus* como de certas formas inclusivistas para adotar diferentes expressões pluralistas.

O presente livro de M. Hurtado enfrenta precisamente tal problemática. Tema extremamente atual e espinhoso. Ele situa-se entre os dois extremos da rigidez dogmática, que evita todo diálogo com as outras religiões, desconhecendo-as como verdadeiras mediações salvíficas, e do pluralismo, que afirma todas as religiões serem igualmente salvíficas. Enfoca o problema a partir do mistério da Encarnação.

A primeira intenção do presente estudo visa a explicitar a fé cristã, de maneira honesta intelectualmente, diria K. Rahner, em face das questões levantadas pelas outras religiões. A honestidade não nos permite desconhecer a seriedade do problema, mas também não nos leva a demitir-nos de dar razão esclarecida da própria fé cristã, cristológica.

De tal diálogo surge necessariamente repensar a teologia, trazendo-lhe novidades. Se permanecesse totalmente a mesma, não teria havido diálogo nem abertura. Mas, também, se abdicasse de sua identidade e originalidade, haveria conversão e não encontro dialógico. Entre esses dois extremos passeia a reflexão teológica de M. Hurtado, ao confrontar-se com as teologias do pluralismo religioso dos teólogos escolhidos para o diálogo.

O ponto fulcral da reflexão do presente estudo assenta-se na cristologia, e particularmente na Encarnação. Trata-se menos de teologia do diálogo inter-religioso e antes de teologia cristã das religiões. Importa que a fé cristã se exprima a si mesma diante do mistério da pluralidade das religiões. O primeiro destinatário não se localiza nas fronteiras das outras religiões, mas no interior da fé cristã, quando ele se debate com a pluralidade das religiões. Responde à proposta anselmiana da fé que busca inteligência.

Evita entrar na perspectiva dos que pretendem sondar os desígnios de Deus por respeito ao mistério da pluralidade das religiões, ao levantar a suspeita de que tal pretensão excede aos limites do teologar humano.

Ao abordar cada um dos teólogos escolhidos, M. Hurtado aponta--lhe a perspectiva principal e defronta-se teologicamente com ela. Começa a reflexão pelo teólogo protestante britânico John Hick, considerado um dos mais radicais representantes da teologia do pluralismo religioso. Reivindica operar verdadeira revolução na teologia ao atravessar-lhe o Rubicão do monopólio cristão da verdade exclusivista e inclusivista da salvação para posição pluralista. Ele centra o universo religioso em Deus e não no Cristianismo ou em outra religião. Passa-se de posição cristocêntrica para teocêntrica. Relativiza sob o aspecto cultural a definição nicena da divindade de

Jesus, ao considerá-la elaboração do mundo greco-romano. Ela tem caráter opcional e mitológico, poético, metafórico. Tal posição veio-lhe provocada pelo encontro do Cristianismo com as outras religiões mundiais. Afasta-se da ideia tradicional da singularidade do mistério da Encarnação do Verbo. Considera-o antes uma metáfora a ser verificada historicamente nas diferentes religiões em que se constata a ação salvadora de Deus.

Depois de ampla explanação sobre a teologia de J. Hick, M. Hurtado conclui afirmando a dimensão dialógica do Cristianismo. Ela implica levar com seriedade a fé das outras religiões e, ao mesmo tempo, avançar e aprofundar o núcleo da fé na Encarnação.

Em seguida, o livro aborda posições dos teólogos católicos A. Pieris, P. Knitter, J. Dupuis e C. Geffré. Embora desenvolvam modos distintos e originais de pensar a problemática inter-religiosa, comungam no esforço de elaborar uma teologia cristã das religiões, sem romper com a dogmática católica. Hurtado mantém a mesma intenção geral da obra ao pesquisar em que eles contribuem para a elaboração da teologia cristã das religiões.

M. Hurtado atende à originalidade de cada um a partir da compreensão da Encarnação e sua influência na formulação de suas teologias das religiões, sem a pretensão de oferecer visão do conjunto de suas obras.

Sob o título "Uma cristologia da Aliança", Hurtado estuda A. Pieris. Ele pensa um Cristo para além do conceito de dogma da teologia cristã tradicional, recorrendo ao *sutra* da tradição indiana que o autor explica como maneira sutil e estética de empregar as palavras humanas, a fim de evocar a fé, a esperança e o amor. Na reelaboração cristológica, o teólogo cingalês valoriza sobremaneira a cruz de Cristo e a presença dos pobres. Contribuição valiosa, desde que não diminua o mistério da Encarnação nem descuide da proclamação da fé calcedônica.

Outro capítulo trata de P. Knitter, sob o título "Jesus, um entre muitos". A discussão trava-se em torno da unicidade de Jesus. O teólogo americano julga que as antigas compreensões da unicidade de Jesus podem ser reinterpretadas e devem sê-lo por força do imperativo ético do diálogo. A unicidade do papel salvífico de Jesus pode ser reinterpretada como verdadeiro, mas não único. O conteúdo de tal unicidade deve ser percebido na vida e no testemunho dos cristãos. Hoje caberia insistir que a salvação e o Reino de Deus devem realizar-se neste mundo por atos de amor e de justiça. A ortodoxia da reinterpretação pluralista da unicidade de Jesus funda-se principalmente na sua aptidão de nutrir espiritualidade cristã holística. Aí estão teses centrais do pensamento de Knitter que Hurtado desenvolve e enfrenta criticamente na perspectiva escolhida do papel da Encarnação nelas. Reafirma que se entende a afirmação da Encarnação em continuidade com a autocompreensão de Jesus e não como elaboração posterior mitológica.

J. Dupuis ocupa merecida atenção. Hurtado considera-lhe a cristologia sob o aspecto de "Uma ação universal do *Logos* sem a carne". Formulação provocante. O teólogo belga depara-se com a pergunta central: a particularidade do acontecimento de Jesus Cristo e o seu valor universal. Problema grave que nos dias de hoje adquire ainda maior amplitude no contexto do pluralismo das tradições religiosas e de uma teologia cristã das religiões. A discussão gira em torno da tensão entre duas afirmações: o acontecimento Cristo é o sacramento universal da vontade salvadora de Deus, mas não é a única expressão possível dessa vontade. Dupuis parece reconhecer uma ação salvadora de Deus através do Espírito antes e após a Encarnação, mas com diversas nuances esclarecedoras. De outra maneira, afirma que o valor salvífico universal do acontecimento de Jesus Cristo dá lugar a uma ação iluminadora e salvífica do Verbo como tal antes da Encarnação e depois da ressurreição. Hurtado debate, com lucidez e precisão teológica, tal problemática.

Ao fechar os estudos dos teólogos, M. Hurtado debruça-se sobre a obra de C. Geffré com a epígrafe "O Verbo encarnado, sacramento de uma economia mais vasta". O teólogo francês esmera-se na temática da hermenêutica teológica, acentuando o caráter histórico das verdades.

Ele pensa o Cristo como universal concreto que articula um acontecimento particular e seu sentido universal. Sem o concreto, o universal perde-se no abstrato. Entram em jogo o Absoluto e a história, o eterno e o tempo na pessoa de Jesus Cristo. Aí se funda o escândalo da pretensão universal do fato histórico e contingente de Cristo.

Avança considerações sobre a tensão entre a história da salvação e a história profana, evitando os dois extremos da descontinuidade absoluta e de uma continuidade da história humana teleologicamente determinada. Há liberdade, há ambiguidades na história humana, mas também há a presença atuante de Deus nela que lhe dá sentido escatológico.

Ao olhar para o Cristianismo, percebe-o como particularidade histórica que não inclui todos os valores explicitados em outras religiões e sabedorias espirituais. Nenhuma particularidade histórica é absoluta, sem negar, porém, a universalidade da mediação de Cristo. Não teme afirmar que Jesus é o próprio Deus que se tornou histórico. Mantém a normatividade de Cristo. Mas o que se afirma dele não se pode transferir para o Cristianismo histórico.

Geffré, na opinião de Hurtado, possui abordagem muito equilibrada. Não produziu grandes avanços. Para ele, importa manter a cristologia normativa na teologia das religiões, embora tenha algumas afirmações provocantes. A economia do Verbo encarnado é o sacramento de uma economia mais ampla, a do Verbo eterno de Deus que coincide com a história religiosa da humanidade. Está em questão a pretensão cristã da unicidade?

Terminado esse périplo de estudos, Hurtado dedica um capítulo que ele intitula "Elementos para uma teologia cristã das religiões". Aí se encontram as ideias pessoais que ele gestou ao longo do confronto e de outras reflexões. Expõem-nas como "linhas de força" de uma teologia cristã das religiões a partir do evento da Encarnação, cuja fecundidade e pertinência merecem situá-lo no coração mesmo de tal teologia, e a faz aberta, humilde e dialógica. A intenção da presente reflexão de Hurtado resume-se no fato de que verdadeira teologia cristã das religiões exige diálogo com outras tradições e crenças religiosas ao excluir todo espírito de superioridade e atitude de violência condenatória.

O deslocamento do cristocentrismo para o teocentrismo vigente nas teologias das religiões tem certo sentido para a fé cristã, desde que, observa Hurtado, entenda-se bem a profunda e mútua relação que existe entre a doutrina de Deus e a da pessoa de Cristo no interior da revelação cristã. A distinção entre ambas as doutrinas procede, respeitada sua imbricação recíproca. E na teologia cristã das religiões tal vinculação de ambas as doutrinas faz-se ainda mais importante.

O leitor encontrará no livro excelentes ponderações teológicas no sentido de perceber que o evento da Encarnação oferece identidade profunda à teologia cristã das religiões. Não se trata de qualquer teologia das religiões, mas cristã. E essa, sem referir-se à Encarnação, perderia o fundamento. A questão que se trata de mostrar é como a afirmação de Jesus Cristo como Filho de Deus e Salvador de todos os homens não compromete a dignidade dos outros crentes, respeita-os na sua alteridade. Cabe fundamentar teologicamente esse respeito profundo da fé cristã em face dos outros crentes.

Vale a pena o leitor mergulhar nas profundas reflexões teológicas de Hurtado, que desenha a seus olhos a riqueza da Encarnação enquanto crítica das teologias pluralistas extremas. E também ela oferece a condição da comunicação do que é próprio do Filho de Deus, vendo-a não de maneira pontual, mas no itinerário global de Jesus. Este cruza os nossos caminhos e no-los ilumina. A Encarnação fala-nos de *kénosis* que exclui toda relação de dominação. A lógica da fé cristã manifesta-se no abaixamento, esvaziamento, serviço e obediência até a entrega na morte. Nesse sentido ela não procura impor-se aos outros crentes.

Merece também consideração a particularidade e universalidade da Encarnação. Problema crucial para a teologia cristã das religiões. Hurtado mostra que a *kénosis* do Filho de Deus não lhe elimina a dimensão salvífica universal. No particular, ela se manifesta. Hurtado concorda com a expressão de C. Geffré de "universal concreto" ao referir-se à pessoa de Jesus.

O texto termina com a pergunta: é possível uma teologia das religiões? Julga-a legítima porque a nossa palavra sobre Deus tornou-se possível, mas não por causa do nosso esforço e sim porque Deus falou em primeiro lugar no seu Filho único. As religiões da terra inscrevem-se, segundo a visão cristã, como legítima tentativa humana de abandonar-se em Deus e tentar dizê-lo com o que somos e temos, mas sem garantias de salvação, com certeza, e sim em esperança.

Nas religiões, Deus quis falar com nossos próprios meios de expressão, usou a linguagem dos homens. Esperamos, por isso, falar entre nós e com as religiões do mundo nessa linguagem que Deus mesmo fez sua, pela Encarnação do seu Filho único.

Só desejo que o leitor se adentre nas profundas e lúcidas reflexões de Hurtado. No final, parecem emergir duas conclusões fundamentais. Quanto mais aprofundarmos a teologia cristã das religiões, mais clara ficará para nós a relevância do mistério da Encarnação. Mas também nos sentiremos abertos ao diálogo, despojando-nos de toda altivez, arrogância e sentimento de superioridade.

João Batista Libanio

Introdução

> *Deus verdadeiramente sai de si mesmo para se colocar de modo amoroso junto ao ser humano? Ao amor, pelo menos na compreensão cristã, pertence o fato de que o amante e o amado estão face a face com o outro, cada um dentro de sua alteridade, tamanha a vontade de se aproximar, o quanto possível, do amado e de se juntar a ele o mais possível, permanecendo totalmente em toda a sua alteridade. Na fé cristã o sinal da maior proximidade é a Encarnação. O sinal extremo da alteridade de Deus é a kénosis até a cruz.*[1]

Na época do surgimento do Cristianismo, como sabemos, o mundo já tinha uma configuração plural e várias propostas de salvação circulavam. O Cristianismo precisou afirmar-se sem cessar sua identidade diante das questões religiosas de seu entorno. Nesse sentido, o pluralismo religioso não é um fenômeno novo. Mas hoje ele se apresenta de modo diverso.

O Cristianismo contemporâneo é convidado a manifestar sua identidade, não para fechar-se sobre si mesmo, mas para procurar compreender-se melhor no contexto do pluralismo religioso atual. Ora, se estamos falando do Cristianismo e da sua profunda identidade, não somos necessariamente remetidos à sua origem? Não é necessário retornar à interpretação das Escrituras e assim revisitar o que se produziu na Páscoa, esse "novo" começo? A própria história não recomeçou quando os olhos dos discípulos se abriram?[2] Não é precisamente à Páscoa que somos reenviados sem cessar? Um novo sentido de todos os acontecimentos passados não é desvelado nesse instante? "Não estava ardendo o nosso coração quando ele nos falava pelo caminho e nos explicava as Escrituras?"[3] Não foi ele que, começando por

---

[1] Ver: GRESHAKE, G. *El Dios Uno y Trino*. Una teología de la Trinidad. Barcelona: Herder, 2001. p. 602.
[2] Lc 24,31.
[3] Lc 24,32.

Moisés e todos os profetas, nos explicava o que todas as Escrituras diziam a seu respeito?[4]

A tradição cristã, o testemunho bíblico, particularmente no Novo Testamento, e sua interpretação subsequente pelas comunidades cristãs, nos propõem a mensagem segundo a qual Jesus Cristo é o Verbo de Deus encarnado, aquele que de forma definitiva revela o mistério de Deus. Essa confissão cristã foi frequentemente considerada um escândalo[5] por outras religiões do mundo.[6] Tal escândalo hoje não é de importância menor: ao contrário, parece que as sensibilidades se exacerbaram e que o cuidado do diálogo entre as religiões e as culturas surge com força maior.

Nesse novo contexto, uma velha questão, exposta de modo novo, é endereçada aos cristãos: estes não deveriam modular e temperar tal "confissão escandalosa" para tornar possível um diálogo mais horizontal, em pé de igualdade?

Mas até que ponto nós, cristãos, podemos não confessar o que nossos pais nos transmitiram, que nós cremos e amamos de todo o coração, com toda a nossa alma e com todas as nossas forças? Podemos minimizar o que nos foi comunicado e que experimentamos dia após dia: verdadeiramente o Senhor ressuscitou![7]

O Deus vivo que nós confessamos não é um Deus que se cala e que se apresenta como um enigma ou como um mistério diante do qual nós seríamos obrigados a nos calar. Deus não é um mistério sobre o qual nada podemos dizer. Ao contrário, o Deus de Jesus é um Deus que fala e que não cessa de sair de si mesmo para comunicar-se e mostrar-se a si mesmo. É precisamente isso que o texto da Epístola aos Hebreus quer exprimir: "Muitas vezes e de muitos modos, Deus falou outrora a nossos pais, pelos profetas. Nestes dias, que são os últimos, falou-nos por meio do Filho".[8]

---

[4] Lc 24,27.
[5] 1Cor 1,22-23.
[6] Ver: GONZALEZ FAUS, J. I. Religiones de la tierra y universalidad del pobre. In: *Universalidad de Cristo. Universalidad del pobre*. Salamanca: Sal Terrae, 1999. p. 116.
[7] Lc 24,32.
[8] Hb 1,1-2.

No passado, essa palavra foi pronunciada de diversos modos e ela nos mostrou o mistério de Deus de modo provisório e incompleto. Foi nesses últimos dias que, através de seu Filho, "expressão do seu ser",[9] Deus nos falou de forma definitiva e completa. Deus, saindo se si mesmo em Jesus Cristo, Verbo de Deus desde o princípio, revelou-se totalmente nele. Hoje é possível crer nisso se formos honestos diante de nosso tempo e se nós queremos viver numa comunidade mais ampla que ultrapasse o contorno de nosso claustro interior?

O horizonte de nossa pesquisa é abalizado pela aproximação da confissão de fé cristã na *Encarnação do Verbo de Deus diante das religiões do mundo*. A ótica adotada é interna à nossa fé. Busca seriamente dar as razões de nossa própria fé[10] diante da presença e da interpelação mais prementes das culturas e das religiões do mundo. Portanto, o primeiro desafio que temos a relevar é chegar a uma honesta autocompreensão e a uma melhor inteligência de nossa fé, que não desdenhe das questões colocadas por outras crenças. Tratar-se-á, assim, de colocar a questão cristológica, *i.e.*, de interrogar nossa fé na Encarnação para pensar suas possibilidades intrínsecas e suas dinâmicas capazes de acolher as interrogações a nós endereçadas por outras religiões ou, mais precisamente, pelo que hoje chamam de "o desafio do inter-religioso". Frequentemente, ademais, essas questões nos chegam pela mediação de teologias que já tentaram resolvê-las. Dito de outro modo, nós aceitamos o convite para retomar a questão propriamente cristológica, mas nela integrando a questão do pluralismo religioso, que demanda novos desenvolvimentos.

Nesse ponto não é inútil dizer que o presente livro quer circunscrever-se à questão cristológica, e particularmente à Encarnação, no quadro da teologia cristã das religiões.

Eis, portanto, o critério de seleção para efetuar uma primeira triagem de questões que desdobra a problemática geral de nosso trabalho. Pode-se dizer o mesmo sobre o critério de seleção dos teólogos estudados. Assim, nossa proposta é menos uma teologia do diálogo inter-religioso e mais uma

---

[9] Hb 1,3.
[10] 1Pd 3,15.

teologia cristã das religiões. Mais precisamente ainda, nosso projeto quer permanecer nas margens de uma cristologia que quer acolher, no próprio âmago de sua reflexão, a preocupação com a pluralidade de religiões: como exprimir nossa fé cristã diante do mistério da pluralidade das religiões?

Resumindo, pode ser útil precisar logo de início o caráter de nosso desenvolvimento: é teológico, tem seu ponto de partida na fé e desenvolve--se no interior da fé cristã. Evidentemente, somos completamente conscientes de que a fé comporta seus pressupostos. Nós os aceitamos e os assumimos como referências e guias do discurso teológico. O que não quer dizer que as questões sejam resolvidas *a priori*, mas que nós as abordamos a partir de um engajamento de fé: nós cremos em Jesus Cristo.

A célebre frase de Santo Anselmo *fides quarens intellectum* é muito apropriada para exprimir nossa intenção primeira: desejamos pensar e melhor compreender nossa própria fé, a fé da Igreja, sem, no entanto, poupar a interrogação fundamental diante da pluralidade das religiões. Esperamos descobrir as possibilidades da fé cristã em si mesma, para responder às questões que vêm de fora, mas que fazemos nossas. Numa palavra, trata-se de dizer o que cremos verdadeiramente quando confessamos Jesus Cristo, Verbo de Deus encarnado.

Evidentemente, pode-se interrogar, legitimamente, sobre a pertinência de nosso projeto, por ser um projeto "contra a corrente". Falar de uma pluralidade de vias que conduzem à Realidade Última, ou falar das manifestações múltiplas do Absoluto sem identificar-se completamente com alguma dentre elas não é mais adequado, mais atual, mais aberto, ou até mesmo mais politicamente correto – especialmente hoje, em tempos de mundialização e de consciência da pluralidade das religiões –, do que insistir sobre a unicidade da Encarnação do Filho de Deus enquanto acontecimento particular, confessado como portador da salvação universal? Como dissemos, nossa convicção é de que não podemos subestimar a confissão de fé cristã. De fato, o conjunto de nosso trabalho é perpassado de um cuidado: poder decifrar, pelo menos provisoriamente e na medida do debate contemporâneo, "uma" resposta adequada e fundada a tal interrogação. Mas essa resposta é exclusivamente intracristã. Com efeito, trata-se de dar-nos uma resposta a nós mesmos, de tal modo que possamos aprofundar os recursos internos de nossa fé para tomar consciência da pluralidade das religiões. Não para "explicar" ou para "justificar" a pluralidade das religiões nos desígnios de Deus. Não seria algo que nos ultrapasse e ultrapasse todo teólogo consciente da impossibilidade de "sondar" ou de "compreender" enquanto tal os desígnios de Deus mesmo diante do mistério da pluralidade das religiões? Nosso projeto é mais modesto: declarar o que nossa fé em Jesus Cristo, Filho de Deus encarnado – "aprofundando" essa declaração – permite-nos dizer e esperar diante de outros crentes e de outras confissões de fé.

Nosso método e desenvolvimento pretendem ser simples. Começamos por relevar os desafios formulados pela teologia contemporânea das religiões – desafios que nos ajudem a formular uma "problemática". Nós o fazemos com a ajuda das críticas endereçadas pela teologia pluralista das religiões à fé cristã. Para a formulação da problemática, estudamos e avaliamos particularmente a posição do teólogo e filosofo presbiteriano britânico John Hick em relação à Encarnação. A seguir, estudamos e avaliamos a posição de quatro teólogos católicos (A. Pieris, P. Knitter, J. Dupuis e C. Geffré) sobre a temática da Encarnação. Isso nos permite precisar as questões centrais da nossa temática, bem como endereçar certo número de questões a esses teólogos. Chegando a esse ponto de nossa pesquisa, é possível identificar nossa própria posição teológica, seja nas questões e nas reservas que são propostas, seja nas afirmações e convicções formuladas, principalmente nas páginas dedicadas a "conversar" com cada um desses teólogos.

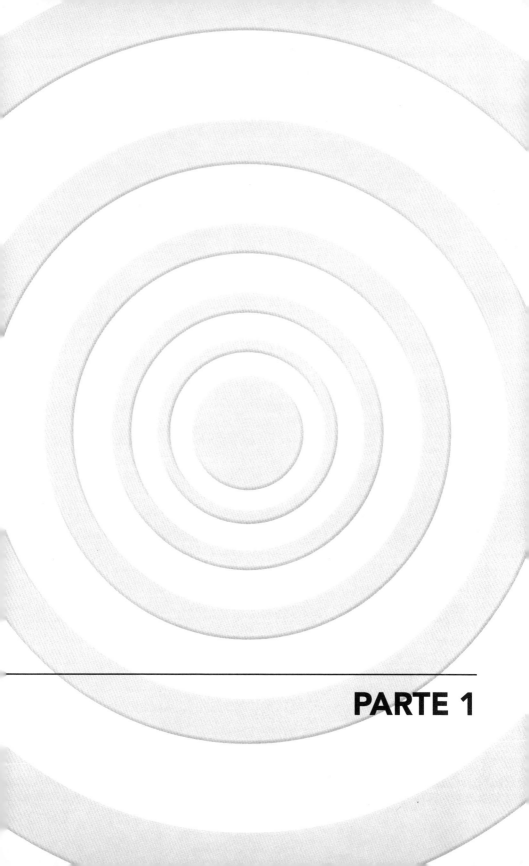

PARTE 1

A Encarnação e a teologia pluralista das religiões:
John Hick

A problemática

Nestas primeiras páginas introduzimos um leque de questões e de formulações para ajudar-nos a delimitar melhor a nossa problemática teológica e determinar mais precisamente os limites deste estudo. Recolhemos certas questões que nos propomos interpretar teologicamente à medida do desenvolvimento de nossa reflexão.

Durante os últimos trinta anos apareceram pesquisas muito bem conduzidas em "teologia das religiões", embora se deva reconhecer que essa disciplina ainda procura um estatuto teológico mais bem definido. Muitos desses trabalhos tentaram evitar uma aproximação muito cristocêntrica – tida como problemática diante de uma "teologia aberta" das religiões. Nessa indefinição alguns teólogos propuseram outras aproximações que, segundo eles, estariam mais de acordo com a problemática do pluralismo religioso atual.

Nós optamos, então, pelo exercício de delimitar questões ligadas diretamente à nossa temática, no quadro da teologia das religiões. Ao mesmo tempo, metodologicamente, escolhemos começar pelas questões endereçadas por um dos representantes mais radicais da assim chamada "cristologia liberal" britânica do fim dos anos 1970. Isso nos permitirá reconhecer e localizar ao mesmo tempo, nos capítulos posteriores deste trabalho, as influências e as repercussões dessas questões sobre a elaboração teológica católica mais recente. Teremos, portanto, de interrogar alguns teólogos sobre as novas aquisições, os deslocamentos operados, as soluções e contribuições trazidas, seja sob a forma de novas formulações, seja sob a forma de críticas. No momento, nós nos deteremos na formulação da problemática fundamental.

Desse modo, vale a pena determo-nos um instante numas posições mais radicais sobre a comumente chamada "teologia do pluralismo religioso". Enquanto paradigmática de sua tendência mais radical, a teologia do pluralismo religioso coloca certas questões centrais e toca de perto a questão cristológica pelo viés da temática da Encarnação, precisamente no âmbito da "teologia das religiões". Se escolhemos começar nosso trabalho pelo aprofundamento dessa posição, é porque ela nos ajuda a formular a problemática geral que nos propusemos esboçar no início. Ao mesmo tempo, isso nos permitirá determinar as questões mais pertinentes antes de nos engajarmos no estudo dos teólogos católicos contemporâneos.

Uma Encarnação metafórica: John Hick

Filósofo da religião e teólogo britânico,[1] representante emblemático da "teologia pluralista", John Hick é conhecido por sua reivindicação de operar uma "revolução copernicana" na teologia. Não menos conhecido é seu convite para "atravessar o Rubicão" da teologia. Essas duas expressões foram citadas várias vezes pelos teólogos das religiões, independentemente de suas tendências teológicas.

A última expressão aparece em seu artigo "The non-Absoluteness of Christianity".[2] Sabe-se que César atravessou o Rubicão, rio que separa a Itália da Gália Cisalpina, com suas legiões, em 49 a.C., sem autorização do Senado, fato que desencadeou a guerra civil. A expressão "atravessar o Rubicão" significa, portanto, tomar uma decisão audaciosa e irrevogável. Para

---

[1] John Harwood Hick nasceu em Scarborough, Yorkshire, em 1922 e faleceu em 9 de fevereiro de 2012. Ele pertenceu à Igreja Presbiteriana de Inglaterra desde 1940. J. Hick teria de ser considerado, em primeiro lugar, filósofo da religião mais que teólogo, reconhecendo as implicações teológicas da sua obra. Segundo Christopher Partridge, "Hick não é só um dos pensadores religiosos radicais britânicos mais importantes, senão que não se pode desestimar o significado do seu pensamento nas questões que são colocadas pela pluralidade religiosa". Ver: HART, T. A. (dir.). *The Dictionary of Historical Theology*. Grand Rapids: Paternoster/Eerdmans, 2000. p. 249. Ver também: HICK, J. *John Hick. An autobiography*. Oxford: One World Publications, 2003.

[2] HICK, J. The Non-Absoluteness of Christianity. In: HICK, J.; KNITTER, P. *The Myth of Christian Uniqueness*. Toward a Pluralistic Theology of Religions. New York: Orbis Books, 1987. p. 16.

Hick, ela é o símbolo da renúncia a certas opções teológicas para abrir-se imediatamente a novas perspectivas. Num contexto teológico, essa expressão quer dizer renunciar ao "monopólio cristão da verdade salvadora e da vida, expressa na doutrina *extra Ecclesiam nulla salus*",[3] característica da posição cristã "exclusivista" com respeito à salvação. Mas também ela quer significar a necessidade de passagem da posição "inclusivista" à posição pluralista.

Do mesmo modo, a expressão "revolução copernicana" reivindica simbolicamente a mesma pretensão da expressão anterior, mas ela se compreende por oposição à cosmologia de Ptolomeu, que imaginava a Terra fixa no centro do universo. Nicolau Copérnico compreendeu ser o Sol e não a Terra o centro do universo perceptível, e que a Terra e todos os corpos celestes giram em torno dele. Nesse raciocínio, analogicamente, diz Hick que "nós devemos compreender que o universo religioso está centrado em Deus, não no Cristianismo ou noutra religião. É ele o Sol, a fonte de onde procedem a luz e a vida; ele, que todas as religiões refletem, cada uma a seu modo".[4] Dizendo de outro modo, trata-se da passagem de uma posição eclesiocêntrica (ou, segundo outras nuances, cristocêntrica) a uma posição teocêntrica.

Numa obra de 1977 (coletânea de artigos) intitulada *The Myth of God Incarnate*,[5] um grupo de teólogos[6] britânicos endereça ao Cristianismo várias questões fundamentais. John Hick, coordenador da publicação, escreve na obra um artigo com o título "Jesus and the World Religions". Segundo ele,

---

[3] Ibid.

[4] Ver: HICK, J. *God Has Many Names*. Philadelphia: The Westminster Press, 1982. p. 70-71. No prefácio de um do seus últimos livros (*A Christian Theology of Religions*. The Rainbow of Faiths. Louisville: Westminster/John Knox Press, 1995), Hick fala do arco-íris como a metáfora da refração da luz divina sobre as culturas religiosas da humanidade (p. ix-x).

[5] HICK, J. (dir.). *The Myth of God Incarnate*. London: SCM Press, 1977. Na sua autobiografia, J. Hick dedicou um capítulo ao relato da publicação de *The Myth of God Incarnate*. Ver: HICK, *John Hick. An Autobiography*, p. 227-237.

[6] No prefácio de *The Myth of God Incarnate*, faz-se referência a um grupo de teólogos que se reuniram cinco vezes em três anos antes da publicação do livro. Os nomes que figuram no livro são: Maurice Wiles, Frances Young, Michael Goulder, Leslie Houlden, Don Cupitt e Dennis Nineham.

a definição nicena sobre o Filho de Deus encarnado representa somente uma forma de conceitualizar a divindade de Jesus, o modo utilizado pelo mundo greco-romano do qual somos os herdeiros. Por isso, na nova era do ecumenismo mundial na qual entramos, é conveniente que os cristãos se tornem conscientes do caráter ao mesmo tempo opcional e mitológico dessa linguagem tradicional.[7]

No mesmo sentido, já no prefácio o leitor é advertido de que os autores do livro estão convencidos de que é necessário um maior desenvolvimento da teologia nas últimas décadas do século XX:

> Essa necessidade nasce da expansão de nossas consciências sobre as origens cristãs, e implica um reconhecimento de que Jesus foi (como é apresentado em At 2,22) *esse homem credenciado por Deus* com um papel especial no plano divino. A concepção mais tardia sobre ele como Deus encarnado, a segunda pessoa da Santíssima Trindade, vivendo uma vida humana, é um modo mitológico, ou melhor, poético, de exprimir seu significado para nós. Esse reconhecimento é necessário no interesse pela verdade; mas ele possui também, de mais a mais, importantes implicações práticas para nosso relacionamento com as pessoas de outras grandes religiões mundiais.[8]

Para entender essas asserções, é preciso mostrar as razões que conduziram seu autor a desenvolvê-las. Com efeito, o ponto de partida da teologia de Hick é a constatação do pluralismo religioso no mundo, ou, mais precisamente, "o encontro do Cristianismo com as outras religiões mundiais".[9] A evidência da pluralidade de crenças, segundo Hick, obriga a revisar nossa compreensão tradicional da Encarnação. Nesse sentido, no mesmo artigo, ele escreve que,

> se Jesus fosse literalmente Deus encarnado, se não fosse senão por sua morte que os homens teriam sido salvos e se não fosse senão por sua resposta a ele somente que os homens poderiam beneficiar-se dessa salvação, então a única porta para a vida eterna seria a fé cristã.[10]

---

[7] Ibid., p. 168.
[8] Ibid., p. ix.
[9] Ibid., p. 180.
[10] Ibid.

O autor, na sequência desse texto, mostra que conhece a existência de teologias que buscaram desenvolver aproximações mais abertas. Ele faz referência, por exemplo, à teoria do "cristão anônimo" de Karl Rahner, à doutrina clássica do "batismo de desejo" e à "pertença à Igreja invisível". No entanto, considera-as "teorias artificiais", ainda que bem-intencionadas, como que vãs "tentativas de fazer corresponder uma teologia inadequada aos fatos do mundo de Deus. Definitivamente, não representam senão um espasmo anacrônico sobre a casca da velha doutrina, depois que sua substância se desagregou".[11]

Em um livro, cuja primeira edição data de 1993, *The Metaphor of God Incarnate. Christology in a Pluralistic Age*,[12] John Hick desenvolve de maneira mais completa suas objeções sobre a Encarnação. Logo no prefácio do livro ele sustenta claramente que

> a compreensão cristã tradicional sobre Jesus de Nazaré é de que ele era Deus encarnado, que se tornou homem para morrer pelos pecados do mundo e fundou a igreja [sic] para proclamar tal história. Se ele era mesmo Deus encarnado, o Cristianismo torna-se, então, a única religião fundada por Deus em pessoa e, enquanto tal, deve ser de modo único superior a todas as outras religiões.[13]

Imediatamente após tal silogismo, Hick enumera três argumentos que criticam a ideia tradicional da Encarnação. Ele termina esses argumentos propondo uma alternativa à concepção tradicional da Encarnação.

Em primeiro lugar, sustenta que "Jesus não ensinou o que deveria tornar-se a compreensão cristã ortodoxa a seu respeito".[14] Em segundo lugar, assinala claramente que "o dogma de duas naturezas em Jesus, uma humana e outra divina, mostra-se inexplicável de forma satisfatória".[15] A terceira

---

[11] Ibid. "These rather artificial theories are all attempts to square an inadequate theology with the facts of God's world [...]. But in the end they are an anachronistic clinging to the husk of the old doctrine after its substance has crumbled."
[12] HICK, J. *The Metaphor of God Incarnate*. Louisville: Westminster/John Knox Press, 1994. p. ix.
[13] Ibid. Na mesma linha, ver também: HICK, *God Has Many Names*, p. 7-9.
[14] Ibid. Ver também: Hick, The Non-Absoluteness of Christianity, p. 31.
[15] Ibid.

objeção afirma que, "historicamente, o dogma tradicional foi utilizado para justificar grandes maldades (*evils*) humanas".[16] Essas maldades de que fala estão relacionadas com o que chama de "complexo de superioridade cristã",[17] que justificou, por exemplo, "a exploração imperialista ocidental"[18] do Terceiro Mundo. Do mesmo modo, "a concepção radical da inferioridade e da perversidade do Judaísmo", corolário da ideia do "caráter absoluto do Cristianismo",[19] conduziu-nos logicamente ao "antissemitismo endêmico da civilização ocidental".

J. Hick introduziu imediatamente, na sua argumentação, a primeira parte de sua proposição hermenêutica, que preconiza que

> a ideia da Encarnação divina seria mais bem entendida metaforicamente do que literalmente – Jesus incorporou (*embodied*) ou encarnou o ideal da vida humana, vivida em fiel resposta a Deus. Disso se pode deduzir que Deus podia agir através dele e, consequentemente, Jesus encarnou um amor que é um reflexo humano do amor divino.[20]

Hick continua a desenvolver sua proposição dizendo que "nós podemos, com justiça, ter Jesus, assim entendido, como nosso Senhor, aquele que tornou Deus real para nós; portanto sua vida e ensinamentos nos provocam a viver na presença de Deus".[21] Conclui seu argumento sustentando

> que um Cristianismo não tradicional, baseado nessa compreensão de Jesus ["a metafórica"], pode ser considerado uma resposta entre numerosas respostas diferentes à Realidade Última, que chamamos de Deus; e pode servir melhor ao desenvolvimento da comunidade mundial e à paz mundial do que um Cristianismo que continua a olhar-se como lugar da revelação final e como provedor da única salvação possível para todos os seres humanos.[22]

---

[16] Ibid.
[17] Ibid., p. 18.
[18] Ibid.
[19] Ibid.
[20] Ver: HICK, *The Metaphor of God Incarnate*, p. ix.
[21] Ibid.
[22] Ibid.

Rumo a uma nova perspectiva cristológica?

A concepção metafórica da Encarnação em Hick situa-se no quadro do que ele chama de "cristologia inspirativa",[23] pela qual o Novo Testamento exprimiu-se. Segundo o autor, esse tipo de cristologia foi desenvolvido por alguns teólogos, como Donald Baillie[24] e G. Lampe,[25] e por alguns outros autores do livro *The Myth of God Incarnate*. Por isso, afirma Hick, falar do amor de Deus encarnado é falar da vida dos homens e das mulheres onde a inspiração de Deus (ou de sua graça) é efetivamente atuante. Portanto, esses devem tornar-se instrumentos da vontade divina sobre a terra. A "Encarnação, nesse sentido, teve lugar e está ainda em via de produzir-se de muitas e diferentes maneiras e segundo diversos graus e muitas pessoas".[26] Desse modo, a conclusão a que chega Hick é que somente "a informação histórica" poderia autorizar a estabelecer que a Encarnação tivesse lugar absoluta ou mais plenamente em Jesus do que em outros homens. Agir diferentemente seria afirmar a singularidade da Encarnação de Jesus de modo *a priori*. A reprovação dirigida a Baillie e a Lamp é precisamente por terem feito dessa maneira. Não obstante, Hick mesmo está fundamentalmente de acordo com suas cristologias. De fato, concluindo seu trabalho, ele sustenta que a singularidade da Encarnação de Jesus não pode ser estabelecida de forma definitiva, pois falta-nos uma espécie de evidência que tocaria cada momento e cada aspecto da vida de Jesus, tanto de sua interioridade quanto de sua exterioridade, que nos autorizaria a chegar a tal conclusão.[27] Assim, Hick sustenta que a "cristologia inspirativa" é uma alternativa àquela dos

---

[23] Esta cristologia ("Inspiration Christology") é também nomeada "paradox-of-grace christology". Ela é considerada por Hick compatível com a compreensão pluralista do lugar do Cristianismo no mundo. Na sua compreensão, esta cristologia comunga bem com o pluralismo porque ela não pode ser classificada entre as cristologias que são "fundamentalistas do credo" e que insistem na "inspiração verbal" das fórmulas de Niceia e Calcedônia.

[24] Especialmente seu livro *God was in Christ* (1958).

[25] Seu livro foi publicado em 1977 com o título *God as Spirit*, tornou-se um clássico para todos os que desenvolvem a "Spirit Christology". No livro de R. HAIGHT *Jesus Symbol of God* (New York: Orbis Books, 1999. [Ed. bras.: *Jesus símbolo de Deus*. São Paulo: Paulinas, 2005.]), G. Lampe é um dos autores mais citados para embasar sua "Spirit Christology".

[26] Ver: HICK, *The Non-Absoluteness of Christianity*, p. 32. "A Encarnação nesse sentido ocorreu e está ocorrendo em muitos modos e escalas diferentes em muitas pessoas diferentes."

[27] Ibid.

"fundamentalistas do credo"[28] e que ela seria compatível com o pluralismo religioso.

Nesse contexto Hick chega à seguinte conclusão:

> O que a visão pluralista requer doravante [...] não é uma ruptura radical com a Tradição cristã diferente e sempre crescente, mas um desenvolvimento complementário nos caminhos sugeridos pela descoberta da presença e da ação salvadora de Deus e de outras correntes da vida humana. A percepção que daí resulta é não ser o Cristianismo o único caminho de salvação, mas um dentre outros.[29]

Pelas conclusões[30] de *The Metaphor of God Incarnate*, Hick precisa seu propósito: "A alternativa à ortodoxia tradicional não tem necessidade de renunciar ao Cristianismo". Ele pensa existir "outra possibilidade mais construtiva para continuar a desenvolver a autocompreensão cristã na direção sugerida pela nova consciência mundial de nosso tempo". Nesse ponto o autor se pergunta se haverá "cristãos" que olharão, enfim, o Cristianismo como somente "uma maneira autêntica, dentre outras, de conceber, de viver e de responder ao Transcendente" e, ao mesmo tempo, em coerência com o que foi dito, se eles não olharão Jesus unicamente como "um homem excepcionalmente aberto à presença divina e que encarnava, assim, no mais alto grau, o ideal da vida humana em resposta ao Real".

Hick responde dizendo sim e não, pois há certos cristãos que vão nessa direção e os que não. Segundo ele, a percepção das Igrejas hoje é contrária a essa nova maneira de ver o Cristianismo e a identidade de Jesus. Contudo, ele vê que há "numa pequena escala um movimento contínuo em direção a um olhar mundial, para o respeito a outras culturas, crenças e minorias dentro de nossa própria sociedade". Entre as pessoas que partilham esse "olhar global", sustenta o autor, "é comum observar o Cristianismo como uma percepção do divino entre outras, e pensar que Jesus foi um grande profeta e um humano servidor de Deus".[31] Hick demonstra

---

[28] Ibid., "credal fundamentalists".
[29] Ibid., p. 33.
[30] HICK, *The Metaphor of God Incarnate*, p. 150-164.
[31] Ibid., p. 152.

estar bem consciente de que colocar em questão "a ideia de Jesus como literalmente Deus encarnado" é colocar em questão "a ideia de Deus como literalmente três pessoas em uma", pois a doutrina da Trindade é derivada da doutrina da Encarnação.

O autor quer dar detalhes de suas afirmações colocando uma questão fundamental sobre a pertinência ou não da concepção "literal" da Encarnação:

> Mas, antes de abandonar a velha tradição teológica, perguntemo-nos: não há um grande valor religioso na ideia da divina Encarnação, entendida literalmente, que autorizaria admiti-la? Sim e não. De fato, há sentidos nos quais uma Encarnação literal (se se presume que essa ideia seja viável) poderia ter um grande valor religioso. Mas esses diversos valores, em todo caso, estão incluídos em outras tradições ou, em outros casos, trazem um lado obscuro de inaceitáveis implicações.[32]

O "escândalo da particularidade" ou, segundo a formulação de Hick, "o escândalo do acesso restrito ou do limite da revelação" é uma parte desse lado obscuro do grande benefício ou do grande valor que a Encarnação poderia ter "literalmente". De várias formas ele coloca a questão do porquê de tal particularidade. Nessa lógica invoca até mesmo a autoridade de um "teólogo muito ortodoxo", Santo Tomás de Aquino, que não faz objeção à consideração "da possibilidade de várias encarnações".[33]

Ademais, "o escândalo do acesso restrito" seria, para Hick, "duplamente escandaloso", dado que a maior parte do mundo é não cristã. Está claro, portanto, que

> a insistência sobre a única revelação do amor de Deus e o cossofrimento com a humanidade de Jesus rebaixa as outras religiões do mundo ao *status* de revelações derivadas, inferiores e/ou inconscientes e de canais secundários da salvação cristã [...]. Essa reivindicação tradicional de superioridade é irrealista.

---

[32] Ibid., p. 153.
[33] Para embasar esta afirmação, Hick cita a *Suma teológica* IIIa., q. 3-4. Ver: HICK, *A Christian Theology of Religions*, p. 88. Trata-se da q. 3, a. 7 ("Uma só pessoa divina podia assumir duas naturezas humanas?") e também da q. 4, a. 5 ("O Filho de Deus devia assumir a natureza humana em todos os seus indivíduos?"). Evidentemente, Santo Tomás afirma sempre a unicidade da Encarnação.

Uma *kénosis* metafórica para uma Encarnação metafórica

Na obra *The Metaphor of God Incarnate*, Hick faz uma crítica à doutrina da *kénosis*. Ele sustenta que, pelo fato de querer compreender a Encarnação de modo conceitual, isto é, de pretender explicar a Encarnação logicamente, os que apoiam a perspectiva *kenótica* com essa intenção abandonaram largamente o que era a compreensão cristã tradicional de Deus, a saber: as noções de imutabilidade e de impassibilidade divinas. "A ideia de um Deus que cessa de possuir seus atributos divinos essenciais é [...] altamente paradoxal."[34] Mas, mesmo sendo essa a crítica de fundo de Hick, pode-se perguntar: é verdade? O resultado dessa crítica, pensamos, é o de considerar que os que permanecem na perspectiva *kenótica* trabalham com argumentos contraditórios no que se refere à sua própria concepção de Deus![35] Voltaremos a essa crítica. Por enquanto, leiamos o próprio Hick:

> A *kénosis* é uma metáfora viva da qualidade de autodoação do amor divino enquanto revelado em Jesus, e do amor autodoado ao qual somos chamados enquanto seus discípulos. Mas, quando a metáfora é utilizada para tentar dar um sentido literal à ideia de Encarnação, sugerindo que Deus, o Filho, despojou-se de seus atributos em vista de tornar-se humano, tal afirmação gera muitos problemas para quem a aceita.[36]

Segundo Hick, a teoria *kenótica* baseada no texto de Fl 2,5-11 não é senão uma tentativa moderna de resolver "os quebra-cabeças" engendrados pelo dogma das duas naturezas. De um lado, o autor vê na *kénosis* a tentativa de justificação do sentido literal da Encarnação e, de outra, discerne nela somente a metáfora da autodoação do amor de Deus. Assim é explicado no texto que segue, a propósito de sua interpretação do hino da Epístola aos Filipenses:

---

[34] Ver: HICK, *The Metaphor of God Incarnate*, p. 72.
[35] Sobre a possibilidade de pensar a paixão de Deus como "paixão da caridade", ver: Homélie VI sur Ézéchiel, 6 . SC 352. Paris: Cerf, 1989. p. 229-231. Ver também: FÉDOU, M. La "souffrance de Dieu" selon Origène. *Studia Patristica* vol. 26 (1993) 246-249.
[36] Ver: HICK, *The Metaphor of God Incarnate*, p. 78.

Nem Paulo, nem o redator anônimo do hino aos Filipenses procuram dar uma solução ao problema da cristologia das duas naturezas pelo subterfúgio desse hino. Isso encontra seu apoio no texto de Paulo onde há uma exortação a imitar o autoaniquilamento de Jesus: "Nada façais por ambição ou vanglória, mas, com humildade, cada um considere os outros como superiores a si [...]. Haja entre vós o mesmo sentir e pensar que no Cristo Jesus" (Fl 2,3.5).[37]

Que o hino da Epístola aos Filipenses seja um convite a imitar o autoesvaziamento de Jesus pode ser admitido sem muita discussão! Mas que esse hino não seja senão isso parece-nos problemático. Está claro também que o hino não busca responder à questão da linguagem das duas naturezas enquanto tal. Mas qual é propriamente a crítica que Hick endereça à doutrina *kenótica*? Em primeiro lugar está a crítica dirigida aos teólogos que abandonaram, segundo ele, o que era a compreensão cristã tradicional de Deus (a imutabilidade e impassibilidade divinas). Mas, mais precisamente ainda, a crítica central reprova os teóricos da *kénosis* de não chegar a realizar seu projeto, pois eles fazem apelo, em última instância, ao mistério. Falando dos teólogos *kenotistas*, Hick afirma:

> Eles colocam em primeiro lugar a ideia geral de uma radical autodoação divina, o Salvador que vem a nós na humildade da fraqueza, da pobreza e da vulnerabilidade. Eles mostram o valor religioso de tal representação como manifestação suprema do amor divino. Mas, quando chegam à contradição aparente de um ser que é Deus e, no entanto, não possui os atributos de Deus, tudo o que eles podem fazer não é senão oferecer analogias que não abordam o problema central, então logo apelam ao mistério.[38]

No mesmo texto, mais adiante, depois de ter apresentado o pensamento do bispo anglicano Frank Weston sobre a *kénosis*, desenvolvido no *The One Christ*, publicado em 1907, Hick afirma, a propósito daquele que se encarnou: "Ele não é consciente [...] de quem realmente é".[39] Para Hick, o Jesus terrestre não é consciente de ser o *Logos* eterno, a segunda

---

[37] Ibid., p. 79.
[38] Ibid., p. 62. Ver: FÉDOU, La "souffrance de Dieu" selon Origène.
[39] Ibid., p. 68.

pessoa da Santíssima Trindade. Dado o seu próprio estado de humilhação, o Jesus terrestre não era mais consciente de si mesmo, tampouco no seu estado de glória. Então, como o si-mesmo do Jesus terrestre pode ser idêntico ao seu si-mesmo celeste, possuindo simultaneamente uma consciência limitada? Para Hick, tal coisa não é uma possibilidade coerente e sua conclusão é a de que Frank Weston junta-se aos que "se refugiam na ideia de mistério divino".[40]

A Encarnação como mito ou metáfora

Como tese geral, Hick postula a pertinência e a convergência da Encarnação entendida mitologicamente. Não se trata de propor uma demitologização a modo bultmanniano. Ao contrário, Hick quer mesmo "reconhecer o caráter mitológico do mito e afirmar seu valor positivo que toca o lado mais poético e mais criativo de nossa natureza, permitindo assim, à nossa imaginação e à nossa emoção, responder (*resonate*) ao mito enquanto mito".[41] Um mito, para ele, é uma "metáfora estendida"[42] que possui uma "verdade metafórica".[43] Então, o mito evoca em nós uma resposta apropriada à sua última referência: o Transcendente, o eternamente Real, vivido de maneiras diferentes segundo as diversas tradições religiosas. Quando Hick fala de "verdade mítica ou metafórica", dá o seguinte exemplo:

> Então, a narrativa de que Deus (isto é, o Deus Filho) desceu do céu sobre a terra para nascer como um bebê humano e morrer sobre a cruz para expiar os pecados do mundo não é, literalmente, verdade, porque não se lhe pode atribuir uma significação literal aceitável. Mas, de outro lado, isso é mitologicamente verdade no que tal história evoca em nós uma atitude adequada em relação ao Divino, ao Real como fonte última de toda a transformação salvadora e, consequentemente, considerada como benfazeja a partir de nosso ponto de vista humano.[44]

---

[40] Ibid., p. 69.
[41] Ibid., p. 160.
[42] HICK, *A Christian Theology of Religions*. The Rainbow of Faiths.
[43] Ibid., 101.
[44] Ibid., 101-102.

Hick pensa, portanto, que "a história cristã, história de Deus Filho que desce do céu sobre a terra...", possui implicações inaceitáveis se for tomada num sentido literal, ao contrário da compreensão mítica. Porque, se "Jesus era literal e unicamente Deus encarnado", dever-se-ia afirmar também que "o Cristianismo é assim escolhido como a única religião fundada por Deus em pessoa".[45] Ora, em tal caso, seria difícil não pensar que Deus queria "substituir" todas as outras religiões. Igualmente, sustenta o filósofo-teólogo britânico, seria "estranho" não pensar que os que pertencem ou estão incorporados à "religião de Deus são assim, de algum modo consequente, espiritualmente melhores do que aqueles que estão fora dela". Seria igualmente "estranho" que a civilização baseada "na religião de Deus" não seja "qualitativamente melhor do que as outras". Finalmente, Hick conclui que o dogma da Encarnação "implica a única superioridade do Cristianismo e da civilização cristã. Mas essa pretensa superioridade parece hoje muito duvidosa para muitos dentre nós".[46]

Em resumo, à Encarnação faltaria todo apoio histórico. Para Hick, não existe apoio histórico nos ensinamentos de Jesus. Todas as tentativas de voltar a essa doutrina foram verdadeiros insucessos[47] e, ademais, essa doutrina foi utilizada para justificar grandes maldades e muitos crimes humanos. A única solução é, então, considerar Jesus somente como nosso "supremo guia espiritual (mas não necessariamente único) como nosso senhor [sic], líder, guru, e como nosso mestre pessoal e coletivo, mas não como literalmente o próprio Deus". E sobre o Cristianismo ele diz o mesmo. O Cristianismo seria, então, "um contexto autêntico de salvação/libertação entre outros, sem opor-se aos outros grandes caminhos. Esses caminhos e o Cristianismo cruzar-se-iam mais e enriquecer-se-iam criativamente uns aos outros". Em resumo, John Hick pensa que, se "o dogma da divindade de Jesus" fosse compreendido não como uma reivindicação literal com impli-

---

[45] Id., *The Metaphor of God Incarnate*, p. 162.
[46] Ibid.
[47] Na conclusão do capítulo "Two Natures – Two Minds", de *The Metaphor of God Incarnate* (p. 60), J. Hick avalia a "teoria das duas mentes" de Thomas Morris.

cações universais, mas como um discurso cristão interno e metafórico, a barreira entre os cristãos e o resto da humanidade poderia ser retirada.[48]

Uma avaliação da concepção metafórica da Encarnação

Não há dúvida de que John Hick não é o primeiro a colocar em questão[49] a doutrina axial do Cristianismo.[50] Desde os primeiros séculos da era cristã, houve homens que questionaram e questionam a afirmação de que Jesus de Nazaré é o Filho de Deus que assumiu uma carne humana.

Estudamos a concepção mitológica da Encarnação em Hick precisamente porque ele é um dos teólogos contemporâneos que colocam, em relação direta e interdependente, a doutrina da Encarnação diante da teologia cristã das religiões. Como anunciamos precedentemente, isso nos permite determinar e desenvolver certas questões que nos ajudarão a precisar melhor nossa problemática.

Tentamos aprofundar particularmente os escritos mais recentes de Hick, ainda que tenhamos feito referência também a alguns escritos mais antigos. Isso nos permitiu constatar, apesar de certas evoluções no seu pensamento, uma constante a respeito das teses que se aproximam mais de nossa problemática. Agora nos deteremos um pouco sobre um ou outro ponto que mereça ser examinado em função de nosso percurso ulterior.

De início, é preciso retomar a acusação que Hick faz à doutrina da Encarnação. Segundo ele, "historicamente o dogma tradicional foi utilizado para justificar grandes crimes humanos". Dentre eles sublinha "a concepção cristã de uma superioridade sobre as outras religiões". Com efeito, é uma

---

[48] Ibid., p. 88.
[49] Para esta avaliação, levamos em conta várias críticas feitas a Hick. Ver: O'COLLINS, G. Incarnation under fire. *Gregorianum* 76 (1995) 263-280. DAVIS, S. John Hick on Incarnation and Trinity. In: KENDAL, D.; DAVIS, S.; O'COLLINS, G. (dir.). *The Trinity*. An Interdisciplinary Symposium on the Trinity. Oxford: Oxford Press, 1999. p. 251-272.
[50] "Muitos de seus argumentos contra a doutrina central cristológica do Cristianismo não são novas, mas são expostas de um modo claro e atualizado." Ver: O'COLLINS, Incarnation under fire, p. 264.

das acusações dirigidas ao dogma da Encarnação. E a consequência será, logicamente, a recusa da Encarnação no seu sentido literal.

Ora, que se possa endossar essa crítica (o que não é o caso, inicialmente) não é uma razão suficiente para pretender negar a verdade da "doutrina clássica". Dito de outro modo, se tal acusação for válida, de um modo ou de outro, não se segue forçosamente a negação da Encarnação entendida no seu sentido ortodoxo. Dito ainda de outra forma, não existe uma correlação lógica necessária entre a má utilização do dogma da Encarnação para justificar os grandes crimes humanos e sua interpretação metafórica como corolário. Não quer dizer que não seja necessário examinar ulteriormente a pertinência de tal interpretação da Encarnação de maneira mais profunda.

Ademais, notamos que a crítica de Hick apresenta-se de forma compacta. De fato, atribuir à doutrina da Encarnação a responsabilidade sobre os principais crimes e maldades da humanidade não é nada razoável. Mesmo que seja necessário reconhecer os erros cometidos pelo Cristianismo na história, parece-nos desproporcional querer quase diabolizar a doutrina da Encarnação. É verdade, para fazer justiça a Hick, que por essas afirmações ele critica certa ideologia que quis utilizar erroneamente a doutrina da Encarnação para justificar suas ações. A ideologia do antissemitismo é um exemplo gritante, citada pelo próprio Hick. Mesmo se a afirmação central do Cristianismo tenha sido, como o diz bem S. Davis, "uma cristologia mais minimalista", o antissemitismo poderia ter-se justificado na base de tal doutrina, a saber: Jesus é o Messias. "Os judeus mataram a Jesus", portanto... Ou, então: "Os judeus mataram nosso guru fundador", portanto... Então, o que devemos temer é o perigo de uma má utilização da doutrina da Encarnação. Não obstante, será necessário temer também uma tão má interpretação de qualquer outra doutrina de fé, ou de qualquer crença majoritária em relação a outra religião. Seja como for, não se pode concluir com a desclassificação do dogma da Encarnação enquanto tal.

Segundo uma crítica de S. Davis dirigida a Hick, com a qual estamos de acordo, sua "teoria do pluralismo religioso possui um aspecto paradoxal". A teoria de Hick reveste-se de uma linguagem kantiana quando afirma que duas religiões têm diferentes apreensões fenomenológicas da mesma realidade noumenal, chamada de "Real". Pode-se dizer que, no caso do Deus do Judaísmo e do Deus do Cristianismo, isso possa ser facilmente admitido, ainda que não seja tão simples. No entanto, admitir que o Deus do Judaísmo e a vacuidade impessoal de que fala o Budismo Mahayana (grande veículo) são duas apreensões fenomenológicas da mesma realidade noumênica parece paradoxal. Tão paradoxal quanto dizer que a lua e uma frigideira são apreensões fenomenológicas da mesma realidade noumênica. Entre os dois elementos desse último exemplo há, provavelmente, menos distância do que entre a vacuidade impessoal do Budismo Mahayana e o Deus do Judaísmo. Então, como Hick pode criticar o recurso feito por certos teólogos à categoria do paradoxo?

Se considerarmos a Encarnação segundo sua compreensão metafórica e não segundo sua compreensão literal, por mais adaptada que for ao pluralismo religioso, o silogismo de Hick poderia ser formulado assim: de um lado, a doutrina clássica da Encarnação conduz forçosamente ao exclusivismo cristão (A) e, de outro lado, o exclusivismo cristão é injustificado e falso (B); a doutrina clássica da Encarnação é, portanto, errônea e falsa (C). Se a premissa maior fosse correta, esse silogismo seria quase irrefutável. Mas não encontramos na nossa leitura de Hick argumentos decisivos que pudessem sustentar tal asserção.

Uma observação também pode ser feita a respeito de sua crítica à *kénosis*. É verdade que, *strictu sensu*, a *kénosis* pôde ser interpretada como uma representação do abandono da essência divina. Essa interpretação foi veiculada por certos teóricos modernos da *kénosis*.[51] Nesse ponto, e não sem detalhamentos, seria preciso fazer justiça à crítica de Hick. No entanto, parece-nos que não se deve afirmar a mutabilidade ou a passibilidade em Deus para sustentar a *kénosis*. Pode-se afirmar a *kénosis* sem, no entanto, negar a imutabilidade ou a impassibilidade divinas.[52] Não vemos aí um

---

[51] Em *Pâques, le mystère* (Paris: Cerf, 1996. p. 38-46), H. U. von BALTHASAR mostra os problemas nos ensaios modernos de interpretação da *kénosis*. Ele cita os luteranos Chémnitz (1522-1586) e Brentz (1499-1570). A escola de Giessen segue ao primeiro e a escola de Tübingen ao segundo. Balthasar critica nas duas escolas o fato de nem sequer terem tocado o problema central da *kénosis*. "Elas consideram as propriedades divinas de uma maneira veterotestamentária e colocam a Encarnação nesse quadro."

[52] Isto nos recorda a acusação do pagão Celso reprochando aos cristãos da sua época que eles defendem uma mudança em Deus. Orígenes, em sua resposta, mostra que se deve excluir toda mudança na essência divina (ver: *Traité des príncipes*. Sources chrétiennes, n. 252. Paris: Cerf, 1978. p. 81).

problema especial que impediria compreender razoavelmente a Encarnação como *kénosis*, à condição de, certamente, precisar o sentido dessa asserção.

Ademais, é preciso retomar, de um lado, a afirmação de que "o dogma das duas naturezas de Jesus (a humana e a divina) mostrou-se incapaz de ser explicado de modo satisfatório" ou inteligível; e, de outro lado, a afirmação de que a Encarnação deve ser considerada segundo sua compreensão metafórica e não segundo sua compreensão literal. Isso porque a primeira compreensão torna o pluralismo religioso possível ou porque ela é mais adaptada?

O caráter "paradoxal" e "misterioso" da Encarnação é algo que Hick não tolera. Dito de outro modo: o que Hick denuncia é o fato de que ninguém pôde tirar da Encarnação seu caráter paradoxal. Certamente tal coisa não é uma descoberta nova! Então, o que procura demonstrar Hick? Frisemos bastante isto: agora o teólogo britânico não afirma mais que a doutrina da Encarnação seja totalmente contraditória como ele o fez exaustivamente em seu artigo em *The Myth of God Incarnate* (1977). Contudo, não é inútil lembrar que uma "contradição" não é um paradoxo, e que este, em princípio, não está em oposição a uma fé razoável.

É difícil perceber mais da crítica que Hick destina aos teólogos que recorrem às noções de mistério e de paradoxo, se se considera que aceita sem mais o "paradoxo da graça" de D. M. Baillie. Esse paradoxo afirma, segundo a citação de D. M. Baillie feita por Hick, "a convicção de que um homem cristão possui alguma coisa boa em si, alguma coisa boa que realiza mas que não é – por uma razão ou outra – realizada por ele mesmo, mas por Deus". Ou ainda, mais distante desse texto de Baillie, segundo a citação feita por S. Davis de que "certas ações realizadas por pessoas são livres e executadas por elas de maneira responsável; mas são também pela graça de Deus dada à obra através dessas pessoas". Evidentemente, este é um bom exemplo de paradoxo. Por que Hick aceita esse paradoxo e não o da Encarnação? A resposta é muito clara na leitura de seus escritos. Segundo ele, a Encarnação literalmente entendida conduz inevitavelmente ao exclusivismo religioso e

---

Contudo, Orígenes mesmo oferece a possibilidade de falar de "paixão" em Deus sem inserir uma mudança na essência divina. Ver a bela fórmula da "paixão da caridade" em *Homélies sur Ézéchiel*, VI, 6.

não pode ser vivida pelos homens, enquanto o "paradoxo da graça" é algo que pode ser vivido pelos cristãos. Mas tal critério, parece-nos, não é suficiente para resolver a dificuldade em questão simplesmente fazendo apelo ao caráter paradoxal de Encarnação.

Finalmente, é necessário retomar a afirmação de que "o próprio Jesus não ensinou o que se tornou a compreensão cristã ortodoxa a respeito de sua pessoa". No nosso ponto de vista, essa asserção é uma das críticas mais radicais vindas de Hick. Em várias ocasiões, ele afirma que Jesus não se via a si mesmo como Filho de Deus encarnado. Se isso quer dizer que Jesus não ensinou o que a Igreja confessou em Niceia e Calcedônia alguns séculos depois, estamos plenamente de acordo. Naturalmente, Jesus jamais utilizou as noções técnicas (*hypostasis*, *ousia*, *physis* ou *personae*) que figuram nos textos desses concílios. Seguramente, pelo que conhecemos, ninguém sustenta tal coisa. No entanto, se Hick afirma antes que Jesus não se considerava como Filho de Deus, isso porque tinha na conta de blasfêmia tal consciência de si, as últimas asserções poderiam ser mais discutíveis, e com maior razão, se se tomam em consideração os estudos[53] que sustentam que um dos pontos resultantes em muitos dos versículos do Novo Testamento é precisamente que Jesus, de forma implícita ou não, manifestava sua união radical com Deus, isto é, sua origem divina. Se não, como se poderiam compreender as ações e as palavras de Jesus? Como se poderia compreender o que se chama "a pretensão de Jesus" e também o "o segredo messiânico", que aparece claramente em Marcos? A opinião de Hick, apoiada nos escritos do teólogo E. P. Sanders, não vê, na utilização de *Abba* por Jesus, senão algo corriqueiro nos meios judaicos. O mesmo na "pretensão" de perdoar os pecados, ele não percebe nada além de uma prerrogativa do sacerdote judeu[54] (levítico). Certamente, pode ser que haja um "conflito de interpretações" dos textos bíblicos: uma leitura maximalista ou, então, minimalista. No entanto, pode-se perguntar se é possível fazer uma leitura definitiva.

---

[53] Ver: WRIGHT, N. T. Jesus Self-Understanding. In: DAVIS, S.; KENDAL, D.; O'COLLINS, G. (dir.). *The Incarnation*. An Interdisciplinary Symposium on the Incarnation of the Son of God. Oxford: Oxford University Press, 2002. p. 59.

[54] Ver: HICK, *The Metaphor of God Incarnate*, p. 32.

Certamente, tais questões exigem um estudo bíblico e exegético sério. Lamentavelmente, esse estudo não pode ser feito nestas páginas.

À guisa de conclusão parcial, parece-nos que, com uma compreensão metafórica da Encarnação, a autocompreensão e a identidade do Cristianismo estão evidentemente em jogo. É preciso reconhecer também que há muitas questões que merecem ser tratadas longamente e para as quais se deve tentar dar resposta. Mas, digamos provisoriamente, disso não segue que a tese do pluralismo, apoiada em uma compreensão metafórica da Encarnação, possa ser autorizada sem mais. A tese de pluralismo, em geral, não decorre da verdadeira necessidade de uma atitude de respeito diante do mistério de Deus nem da indispensável e permanente abertura a outras religiões, menos ainda da infatigável busca da verdade.

Retomada temática

Trata-se, agora, de modo sucinto, de recapitular a temática das questões encontradas. Vamos, portanto, desenvolver tais questões apresentando-as segundo seu peso teológico para nossa reflexão, começando pelas menos decisivas.

a) Inicialmente, identificamos a objeção à doutrina da Encarnação porque ela foi utilizada para justificar as grandes maldades humanas. Vimos que essa objeção é apenas compreensível num nível histórico (a acusação ao Cristianismo histórico em alguns casos) e não se mostra sustentável do ponto de vista propriamente teológico. O antissemitismo, os sistemas patriarcais ou mesmo a exploração do Terceiro Mundo não podem ser considerados como efeitos diretos da doutrina da Encarnação. Afirmar outra coisa seria confundir, portanto, os diferentes planos de tal discurso. Ademais, o antissemitismo e as sociedades patriarcais existem e existiram antes e fora do contexto cristão. Da mesma forma, a exploração das nações mais pobres e fracas fez parte da própria história da humanidade desde seu começo; as potências imperiais se ergueram graças à exploração e à dominação de outras culturas, nações e países. No entanto, isso não quer dizer que se deva simplesmente ignorar as implicações e compromissos eclesiais em inúmeros projetos colonizadores, civilizadores e ideológicos. É verdade, na forma de silêncio ou da colaboração mascarados em diversas ocasiões pela etiqueta evangelizadora, há pessoas que puderam justificar suas ações fazendo apelo à doutrina axial do Cristianismo, mas a partir de sua má compreensão. Sem dúvida alguma fizeram uma leitura deformada (e mesmo contraditória) de suas implicações práticas. Ora, essa objeção, se se quer sublinhar seu lado positivo, convida-nos constantemente a pensar as implicações práticas da Encarnação no contexto do pluralismo religioso contemporâneo. Tratar-se-á de, através de uma leitura honesta e fiel, apontar como essas implicações podem mostrar-se pertinentes para conceber um Cristianismo "diferente".

b) Um segundo tema apontado é o da pretensão de superioridade do Cristianismo sobre as outras religiões. Para Hick, como vimos, dado que o Cristianismo considera que o próprio Deus em pessoa é seu fundador, logo ele se constitui como superior aos outros. Mas essa afirmação pode ser aceita sem mais? Tal acusação é justa? De início, nessa afirmação mal encontramos uma conexão lógica entre seus elementos. Dizer que Jesus de Nazaré é o Filho de Deus, segunda pessoa da Trindade, não nos parece forçosamente trazer consigo a afirmação subsequente da superioridade do Cristianismo em relação às outras crenças. Dito de outra forma, cremos que a doutrina da Encarnação não conduz forçosamente ao corolário da superioridade do Cristianismo em relação às outras religiões. Em segundo lugar, para compreender o que Hick quer dizer seria necessário fazer um "salto lógico". A afirmação da superioridade do Cristianismo diante de outras crenças não é inerente à dinâmica da nossa fé na Encarnação nem à lógica da Encarnação em si mesma. Ao contrário, cremos que a dinâmica própria da Encarnação conduz-nos a uma atitude inteiramente oposta à de "superioridade". Ora, essa última asserção que acabamos de fazer merece ser aprofundada e fundada mais longamente. Nas páginas conclusivas deste livro, daremos algumas orientações sobre tal ponto. A título de antecipação, no entanto, é preciso assinalar que esse tema perpassará o da *kénosis*. Igualmente, veremos que será necessário, em função da própria clareza de nosso argumento, "definir" a Encarnação de modo que ela não seja entendida de maneira pontual, mas, acima de tudo, como um longo processo no qual não só Deus e Jesus estão implicados, mas também nós, os seres humanos.

Tudo isso supõe uma tarefa importante provocada pela própria objeção sobre a Encarnação criticada como fundamento de uma posição de superioridade do Cristianismo sobre as outras crenças. Nosso posicionamento diante das outras religiões dependerá do entendimento de que dispusermos sobre a Encarnação. Pensamos que a partir de uma correta compreensão da Encarnação – uma das intuições centrais deste livro – será possível fundar uma atitude aberta, dialogal e positiva em relação às outras crenças e, ao mesmo tempo, contradizer a acusação de que a Encarnação justificaria uma atitude de superioridade do Cristianismo diante de outras religiões. Contudo, se se faz o esforço para apreender o mais exatamente possível a afirmação de Hick a respeito da superioridade do Cristianismo, será necessário, no momento oportuno, considerar o caráter insustentável da temática do exclusivismo cristão que conduziria à superioridade do Cristianismo.

c) Um terceiro tema encontrado é a objeção[55] já bem conhecida da inadequação da linguagem conceitual de Niceia e Calcedônia. Nos termos de Hick, Niceia e Calcedônia "naufragaram" em sua tentativa de dizer a Encarnação em linguagem "helenística". Sem desabonar o que tal crítica pode ter de pertinente, não é possível estar de acordo com ele quando contesta essa linguagem porque o próprio Jesus não a utilizou. Já mencionamos: estamos de acordo com o fato de que Jesus nunca utilizou as palavras de Niceia e Calcedônia. Seria ingenuidade afirmá-lo. Contudo, não nos parece concebível, com tal argumento, renunciar ao que esses concílios quiseram confessar, o seu objetivo fundamental. Indubitavelmente, a objeção de Hick poderia ser conciliada com as críticas à helenização[56] do Cristianismo ou helenização da linguagem da fé, com a utilização de termos tais como *hypostasis, physis, ousia, homoousius* etc.

---

[55] Ver: SESBOÜÉ, B. Le procès contemporain de Chalcédoine. Bilan et perspectives. *RSR* 65/1 (1977) 45-80. Esse artigo apresenta uma síntese temática das grandes críticas e objeções a Calcedônia.

[56] B. Sesboüé afirma que "o próprio do Concílio de Niceia é professar de maneira clara a diferença radical entre o mistério de Jesus Cristo e a filosofia grega. O paradoxo é que esta des-helenização se opera no momento mesmo que a linguagem da fé se heleniza. Mas este paradoxo visível está fundamentado na coisa mesma [...]. O Concílio de Calcedônia marca uma clara ruptura entre a linguagem da fé cristã e os sistemas de pensamento grego". Ver: *Jésus Christ dans la tradition de l'Église* (2. ed. Paris: Desclée, 2000. p. 82-83). Esse comentário mostra bem uma espécie de inversão de perspectiva operada no âmago mesmo da crítica de helenização da linguagem da fé.

d) A objeção da inadequação da linguagem conceitual de Niceia e Calcedônia não pode estar separada da temática do caráter paradoxal da Encarnação. Com força e insistência, J. Hick denuncia o fato de que ninguém pôde relevar o caráter paradoxal da Encarnação. Sublinhamos que tal crítica não constitui uma novidade. Muitos teólogos[57] a formularam várias vezes e de muitos modos. Certamente, uma precisão da problemática mostra-se necessária. Num primeiro tempo impõe-se precisar os termos de "paradoxo", de "mistério" e de "aporia" nesse contexto específico. Ora, uma questão incontornável coloca-se a nosso espírito: é possível simplesmente abandonar esses conceitos em teologia cristã? Até onde podemos pretender descobrir outros instrumentos para exprimir "a realidade paradoxal" subjacente à Encarnação? Ou ainda: do ponto de vista da teologia cristã das religiões, em que o fato em si do caráter paradoxal da Encarnação seria uma razão que invalidaria uma atitude aberta, positiva e dialogal com as outras crenças? Há um obstáculo maior a ser ultrapassado?

e) Outro tema identificado gira em torno da pertinência da compreensão metafórica da Encarnação mais do que ao redor da sua compreensão literal. Mas essa proposição justifica-se? Quais são suas consequências teológicas? A resposta a essas questões dependerá, evidentemente, da significação que se der à palavra "metáfora". Ora, mesmo encontrando em J. Hick a expressão "verdade metafórica", seu conteúdo não é completamente explicitado. A única verdade na metáfora é seu poder de evocar em nós uma atitude adequada em direção ao divino (entendido como "o Real", fonte última de toda transformação salvadora). Parece que para ele a metáfora seja apenas diferenciada do que seria uma fábula, na qual toda a realidade afirmada destina-se à derrisão ou é até relegada ao domínio da mitologia em seu sentido mais superficial. As consequências mostram-se no momento em que se põe questão da identidade de Jesus Cristo. Em definitivo, quem é Jesus para Hick? Jesus é somente um curandeiro, um guru ou um mestre

---

[57] No artigo de B. SESBOÜÉ "Le procès contemporain de Chalcédoine", o autor recolhe sete críticas a Calcedônia. Essas críticas recolhidas têm relação com algumas das críticas feitas por J. Hick: 1) Calcedônia utiliza uma linguagem conceitual inadequada; 2) O esquema dualista de Calcedônia veicula uma univocidade fictícia do termo natureza; 3) O esquema dualista de Calcedônia coloca em questão a unidade do Cristo; 4) Calcedônia fica numa cristologia de cima; 5) Calcedônia propõe um Cristo desprovido de pessoa humana; 6) Calcedônia desconhece a dimensão histórica; 7) A posteridade de Calcedônia mostrou que o concílio não havia resolvido o problema cristológico.

espiritual? A partir dessa concepção metafórica, é ainda possível confessar Jesus como Unigênito de Deus? Ademais, já se podem imaginar as questões que se colocam na perspectiva da teologia cristã das religiões: em que essa concepção metafórica da Encarnação ajudaria verdadeiramente na elaboração de uma teologia cristã das religiões aberta e dialogal? Fundar uma teologia cristã das religiões aberta não seria possível senão contestando Jesus Cristo? Seria verdadeiramente necessário renunciar à afirmação da origem divina de Jesus para iniciar um diálogo com as outras crenças?

f) O outro tema em relação direta com a precedente é o da compreensão metafórica da *kénosis*. A afirmação de que a *kénosis* é metafórica não é senão o corolário da compreensão metafórica da Encarnação. Segundo John Hick, a *kénosis* foi interpretada por certos *kenotistas* como abandono da essência divina em si mesma,[58] como dissemos. Infelizmente, Hick não chega a ver as possibilidades extraordinárias inerentes à *kénosis* para compreender a Deus e ao Cristianismo de modo diferente. É bem conhecido que se pode afirmar a *kénosis* sem, no entanto, negar a impassibilidade e a mudança em Deus. A partir dessa questão, descobre-se um verdadeiro canteiro teológico. Ora, a questão que se põe versa precisamente sobre as possibilidades intrínsecas da *kénosis* (submetida a uma justa interpretação) de responder tanto a Deus quanto ao homem. Pode-se encontrar na *kénosis* possibilidades para fundar uma atitude essencial de humildade, de respeito e de abertura às crenças? O Cristianismo está configurado estruturalmente pela dinâmica *kenótica*? Se o Cristianismo "vive" segundo uma atitude *kenótica*, como é possível compreendê-lo como religião dominadora e exclusivista? Não seria necessário compreender o Cristianismo mais como religião estruturalmente chamada a ser e a viver perpassada por sua vocação dialógica numa atitude de humildade e no reconhecimento de seus próprios limites? Não há uma dinâmica interna ao Cristianismo que o conduza incontornavelmente a perceber as outras crenças de modo respeitoso e humilde? Uma séria tomada de consciência da *kénosis* não nos conduziria a pôr em evidência o que, às vezes, na nossa visão, foi discretamente minimizado

---

[58] "Toda inteligência correta da *kénosis*", diz S. STANISLAS BRETON, "deve submeter as acepções possíveis ao axioma maior da imutabilidade divina". Ver: *Le Verbe et la croix*. Paris: Desclée, 1981. p. 135.

na teologia contemporânea? Hoje a teologia "cristã" das religiões não está tomada de novo por certa inadvertência, isto é, por tal risco? Se respondêssemos negativamente a essas questões, poderíamos apontar formalmente justificativas que autorizem "o esquecimento" da *kénosis* na teologia?

g) Um tema abordado por Hick, especialmente em *The Metaphor of God Incarnate*, é o do "acesso restrito ou o limite da revelação". Noutros termos, esse tema foi chamado de "escândalo da particularidade" da Encarnação. Para Hick, como mostramos, a Encarnação teve lugar e está ainda em vias de acontecer de muitas maneiras, segundo diversos graus e em muitas pessoas. Evidentemente, o que está em jogo é a unicidade da Encarnação. Por isso, é preciso colocar uma série de questões.

A singularidade e a unicidade da Encarnação conduzem necessariamente à compreensão do Cristianismo como religião superior e negadora das outras crenças? Em que a unicidade da Encarnação é fonte de indiferença e desestima diante das outras crenças? A unicidade da Encarnação conduz-nos forçosamente à desconsideração das outras religiões? É ela verdadeiramente uma pedra de tropeço para o diálogo? Ora, não é possível compreender a unicidade da Encarnação de modo a permitir o encontro, o respeito e a complementaridade humana entre as crenças? Certamente, quando se pensa na unicidade e sua relação com a pluralidade, há uma questão que não poderíamos contornar: é razoável afirmar o caráter universal de um acontecimento particular e único? Até que ponto é possível sustentar razoavelmente as implicações e os efeitos universais de um acontecimento particular e único? Ou ainda: a plenitude da revelação pode ser dita num acontecimento particular e único? A unicidade desse acontecimento rebaixa as outras religiões a um estatuto de inferioridade? É possível considerar várias encarnações no Cristianismo? Em que a negação da unicidade da Encarnação comprometeria a fé cristã? Inversamente perguntando: em que a asserção de uma pluralidade de encarnações ajudaria a colocar o Cristianismo em relação com outras crenças? Quando Hick assegura que o "escândalo do acesso restrito" é "duplamente escandaloso" porque a maior parte do mundo não é cristã, é necessário colocar esta questão: em que o fato de a maioria das pessoas ser não cristã é uma objeção teológica? O fato de o Cristianismo não ser a religião numericamente preponderante é um argumento sensato para colocar em questão a unicidade da Encarnação? Até que ponto podemos atribuir um valor a esse dado histórico, mesmo sendo ele indiscutível? Ao contrário, não é ele outro modo de interpretar o fato de o Cristianismo ser uma religião minoritária? Sem dúvida alguma, a verdade não está no domínio do consenso nem das proporções numéricas.

h) A velha questão da relação entre o Jesus histórico e o Cristo da fé aparece aqui de forma nova, como problema da "consciência de Jesus" ou "a autocompreensão de Jesus". Assinalamos que para Hick Jesus não se considerava Filho de Deus, pois tinha tal coisa na conta de blasfêmia.[59] Está claro, portanto, que a questão radical permanece: Jesus é o Filho de Deus? Ele teria consciência disso? Consequentemente, como compreender as declarações cristológicas do Novo Testamento? Que valor elas têm? Jesus faz a unidade do Novo Testamento?[60] As asserções neotestamentárias sobre a unicidade do acontecimento Jesus Cristo podem ser tomadas como indefectíveis?

Ora, na ótica da teologia das religiões esse velho problema é colocado por outra circunlocução. Mas onde reside, enfim, precisamente, tal novidade? O que está em jogo? Quais são suas apostas e desafios? Já se percebeu nas temáticas precedentes que a perspectiva da teologia das religiões aborda quase as mesmas questões, nelas acrescentando o elemento imperativo das outras religiões ou crenças. Vê-se bem que justamente o que realmente está em jogo é a identidade de Jesus ou, na nossa perspectiva, a realidade e unicidade da Encarnação do Filho de Deus. Afirmar isso é a condição de possibilidade de todo discurso cristão e, *a fortiori*, da confissão de fé na Encarnação. Não que se tivesse de afirmar inopinadamente o que nos pareceria o mais ortodoxo ou o mais garantido. Não. Trata-se de interrogar pacientemente os lugares centrais da Escritura, da Tradição e da produção teológica contemporânea no domínio que mais nos concerne. Mostra-se,

---

[59] N. T. WRIGHT coloca em questão a ideia de que nenhum judeu do primeiro século nem sequer podia conceber a Encarnação. Essa ideia quer ser o fundamento da asserção que tampouco Jesus, enquanto judeu, podia compreender-se como o Filho encarnado de Deus. Ver: Jesus Self-Understanding. In: DAVIS, S.; KENDAL, D.; O'COLLINS, G. (dir.). *The Incarnation*. An Interdisciplinary Symposium on the Incarnation of the Son of God. Oxford: Oxford University Press, 2002.

[60] Trata-se do título do livro de J.-N. ALETTI *Jésu-Christ fait-il l'unité du Nouveau Testament?* (Desclée: Paris, 1994).

portanto, útil considerar uma nova indagação, uma nova busca, não do Jesus da história enquanto tal, mas uma busca das dimensões históricas da Encarnação e seus significados para nossa fé (em relação às religiões). Certamente, proceder assim reclama investigar o Jesus terrestre, aceitando desde o início sua condição terrestre vinculada inextricavelmente à confissão cristã. Nesse sentido será necessário não negligenciar a questão remanescente da origem de Jesus.

Por último, o tema reencontrado em relação muito estreita com o problema precedente é o da preexistência de Jesus Cristo. O que está em jogo, evidentemente, é a divindade de Jesus, sua origem. De onde ele vem? Quem é o preexistente?[61] Se se pensa em todas as reivindicações atuais, nascidas no contexto de pluralismo religioso, não seria mais pertinente conceber a preexistência do Cristo como um mito incompreensível datado nos primeiros tempos de nossa era? Não é esta a questão que se encontra incrustada nos alicerces da teologia das religiões quando se pensa na preexistência? De um lado, em que a preexistência de Jesus Cristo é decisiva para a fé cristã? De outro, na asserção da preexistência há um inconveniente para tornar a fé cristã aberta a outras religiões? A preexistência, tanto quanto a Encarnação, porta forçosamente uma posição de superioridade do Cristianismo diante das outras crenças? Possui em si, inevitavelmente, como querem afirmar certos teólogos, a concepção de uma desvantagem injusta para aqueles (os cristãos) que não conhecem e não creem na preexistência e na Encarnação (*unfairness on the part of God*)?

Certamente, a temática da preexistência (de Jesus Cristo?) merece ser tratada de forma aprofundada. Há vários teólogos que se ocuparam desse tema. Contudo, ela não é pensada, salvo exceção, de maneira aprofundada

---

[61] Esta questão é fundamental. Em nossa opinião, há ao menos duas possibilidades sérias de responder. A primeira, que é a mais tradicional, afirma que aquele que preexiste é o *Logos*, a Palavra de Deus. A segunda afirma que se trata de Jesus Cristo. A primeira resposta é a mais corriqueira, enquanto a segunda coloca novas questões. Ambas as respostas possuem bases nas Escrituras. No entanto, Pierre Benoît diz que "é costume pensar que o Verbo existe primeiro sozinho, eternamente, na sua natureza divina; depois, no momento da Anunciação, ele se associou a uma natureza humana; só então Jesus Cristo veio à existência. É verdadeiramente tão simples assim, é assim que o Novo Testamento se exprime? Uma percepção da fé como esta não é um pouco ressequida e dessecante? E o que é mais grave, pouco fiel às Escrituras?" Ver: BENOÎT, P. Préexistence et incarnation. *RB* 77 (1970) 5.

no cruzamento da teologia das religiões.[62] Sentimos existir uma espécie de preconceito em relação ao tema. Pode ser útil responder à questão da preexistência na teologia cristã das religiões. Descartar apressadamente a reflexão teológica sobre ela pode trazer consigo consequências nas conclusões de uma teologia que se pretenda resolutamente cristã.

Uma consideração conclusiva

Como outrora, os cristãos de hoje são convidados a dar as razões de sua fé na Encarnação do Filho de Deus, não mais numa perspectiva apologética, mas dialogal. Ademais, de modo primordial, a perspectiva deveria ser interna à nossa fé, isto é, uma perspectiva na qual procuramos compreender aberta e honestamente o papel das outras crenças dentro da própria dinâmica cristã, interrogando-nos seriamente sobre o que nos impulsiona (pela exigência intrínseca à nossa fé na Encarnação!) em direção do encontro com as outras crenças. Diríamos, quase naturalmente, que pertence ao âmago da nossa fé cristã de ser um "ir-para", um "viver-com", um "abrir-se-a" e um "não-ser-sem"... Apesar disso, sentimos também que não podemos contentar-nos com afirmar essa convicção sem buscar seus fundamentos no próprio âmago de nossa fé, pois não se trata simplesmente de um agir "politicamente correto". Trata-se, simultaneamente, de levar a sério as outras crenças e, ao mesmo tempo, levar a sério nossa própria fé. Por isso, de agora em diante mostra-se necessário um maior esforço para estudar o valor, o lugar e o papel que a Encarnação possui em alguns dos atuais teólogos das religiões.

Nestas páginas identificamos certo número de temáticas e de questões centrais à própria junção entre a Encarnação e a teologia cristã das religiões. Elas deverão normalmente refinar-se progressivamente até chegarmos a formulações mais precisas e mais justas. Sem dúvida alguma, essas questões evocarão outras e farão nascer interrogações ainda não formuladas. Uma vez conseguida sua precisão, algumas dentre elas deverão ser excluídas e outras levadas até seu termo.

---

[62] Ver: KUSCHEL, K.-J. *Born Before All Time?* The dispute over Christ's Origin. London: SCM Press, 1992.

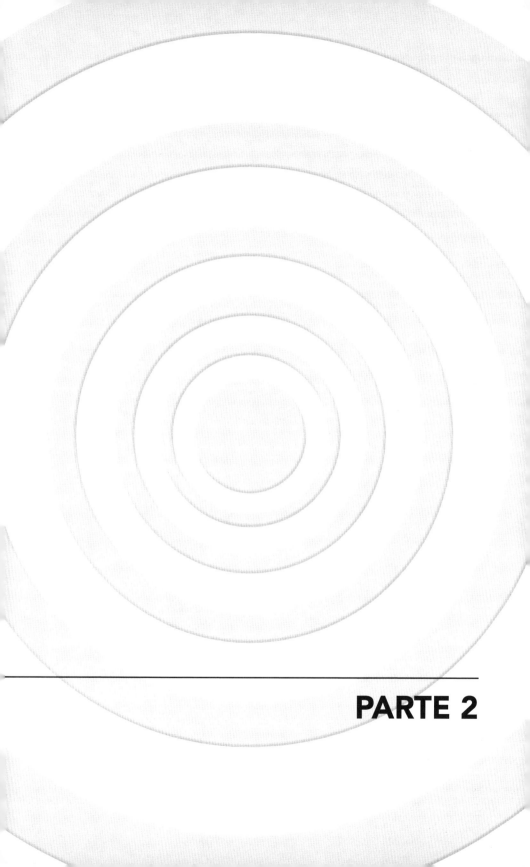

PARTE 2

Quatro teólogos vão reter nossa atenção nos próximos capítulos: Aloysius Pieris, Paul Knitter, Jacques Dupuis e Claude Geffré. Qual a razão de fazer tal escolha? Não pertencem eles a universos diferentes e a sensibilidades diversas? Certamente, e está precisamente aí uma das principais razões de nossa opção. Eles representam quatro modos distintos de fazer teologia, mas, ao mesmo tempo, seus discursos se entrecruzam e são portadores de um cuidado comum: desenvolver uma teologia das religiões.

Tal escolha foi possível somente depois de um percurso de prospecção através de outras obras teológicas. De um lado, escolhemos esses quatro teólogos porque cada um deles soube influenciar notavelmente sua esfera teológica e cultural com o melhor de si mesmo e de sua teologia. De outro lado, suas obras têm um feitio suficientemente controlável para nosso propósito. Escolher outros teólogos mais prolíficos teria prejudicado a concisão de nosso trabalho, sem trazer diferenças notáveis. A pertinência teológica dos autores foi avaliada a partir do que eles aportaram de novo à teologia das religiões na esfera cristã. Cada um deles está marcado por uma originalidade, mesmo que se entrecruzem aqui e ali. Num primeiro tempo, será nossa tarefa manifestar a especificidade de cada um, mas, ao mesmo tempo, essa especificidade será examinada a partir do que retém nossa atenção, a saber: o conceito de Encarnação que veiculam em suas obras, se tal conceito tem ou não lugar no seu discurso e o seu papel na formulação de suas teologias das religiões. A leitura desses teólogos não pretende, evidentemente, dar conta do conjunto de seu pensamento e de suas obras. Nossa aproximação é mais modesta. Ela não visa senão a examinar uma só questão, como já dissemos: o papel que a Encarnação desempenha em suas teologias. Certamente, tal questão em si mesma já é suficientemente vasta e traz em si várias temáticas. Contudo, procuraremos ater-nos o mais precisamente possível à nossa problemática, evitando o risco real de submergirmos num oceano de considerações anexas.

Uma "cristologia da Aliança": Aloysius Pieris

A. Pieris é um teólogo jesuíta cingalês muito conhecido, principalmente por seu livro *An Asian Theology of Liberation*,[1] publicado em 1988. Durante vários anos (1986-1994) foi membro do conselho de redação da revista *Concilium*, cargo que teve de abandonar por motivos de saúde. Atualmente, dirige o Centro de Pesquisa de Tulana, em Gonawala-Kenaliya, no Sri Lanka. Pieris é reconhecido como especialista em Budismo, bem como um dos teólogos cristãos que muito contribuiu para o desenvolvimento da teologia do continente asiático. O trabalho deste teólogo merece uma atenção especial, dado o lugar central da cristologia no conjunto de sua obra. A leitura que dela fazemos não reterá senão esse aspecto cristológico. Ademais, essa leitura centra-se na questão do lugar e do papel dados à Encarnação na sua teologia das religiões. Tal é, portanto, a questão que nos guiará nestas páginas.

Um Cristo para além do dogma?
A passagem do dogma ao *sutra*

Num artigo muito sugestivo[2] Aloysius Pieris oferece-nos uma interessante reflexão sobre o dogma. Ele propõe fazer uma passagem do "dogma"

---

[1] PIERIS, A. *An Asian Theology of Liberation*. New York: Orbis Books, 1988. Tradução francesa: *Une théologie asiatique de la libération*. Paris: Centurion, 1990. Existe também uma tradução espanhola: *El rostro asiático de Cristo*. Notas para una teología asiática de la liberación. Salamanca: Sígueme, 1991.

[2] Cristo más allá del dogma. Hacer cristología en el contexto de las religiones de los pobres (I). *RLT* 52 (2001) 3-32. Ver o original: Christ Beyond Dogma. Doing Christology in the Context of the Religions and the Poor. *LS* 25 (2000) 187-231. Este texto foi publicado primeiro com o título "The Christhood of Jesus" em *Logos*, v. 39, n. 3, 2000. Este texto é a versão revisada de uma conferência dada num congresso jesuíta sobre o ecumenismo, realizado, em 1999, em Kottayam, Índia.

ao "sutra". Segundo ele, é preciso distinguir esses dois conceitos. O último, de algum modo, é um corretivo do primeiro. Essa distinção visa a tornar possível uma via alternativa para compreender e para exprimir o mistério da redenção, sem perder de vista as circunstâncias históricas do "conflito social" nas quais Jesus se revelou como Cristo, o Messias e o Libertador. Ora, segundo Pieris, a noção de dogma interdita tal perspectiva, isto é, uma mudança de acento na maneira de fazer cristologia.

Pieris sustenta que na tradição indiana, mesmo fora do território da Índia, não existem dogmas (segundo a concepção da teologia contemporânea), mas *sutras*. A noção de dogma, tal como aceita na teologia cristã tradicional, assegura Pieris, não remonta às Escrituras. Na *Septuaginta* e no Novo Testamento, um "dogma" é um decreto ou uma ordem do Estado ou da comunidade dos crentes (Dn 2,15; 3,10; Lc 2,1). Por exemplo: as ordens que Moisés dá (Ef 2,15; Cl 2,14) ou normas práticas que os discípulos adotaram (*ta dogmata ta kekrimena upo ton apostolon*) no Concílio de Jerusalém (At 16,4).

Na literatura grega, o dogma é uma opinião ou uma doutrina autorizada por um filósofo reconhecido. É o sentido que permanece no vocabulário eclesiástico. É a verdade definida, formulada pela legítima autoridade (mais tarde infalível) da Igreja para excluir toda aparência de erro e que se torna uma formulação imperativa da fé. Por isso sua negação é considerada uma falta contra a ortodoxia. Diante dos desvios doutrinais, surgiu a "proclamação dos dogmas". Depois, essas formulações tornaram-se "definições". Essas podem aceitar alguma ambiguidade somente se o dado revelado não é absolutamente claro aos olhos dos que a definem. Mas, se não existe ambiguidade, tais *formulae* asseguram, então, a precisão do que deve ser crido.

A. Pieris reconhece a legitimidade e mesmo a necessidade de tais definições para qualquer comunidade de fé. No entanto, tem reservas no que concerne a "certa limitação cultural que afeta a compreensão tradicional da finalidade e da natureza dos dogmas desse modo definidos". Ele faz alusão ao "juridicismo" que modificou tais formulações doutrinais por causa do estilo de governo do Império Romano herdado pela Igreja. Pouco a pouco, segundo nosso autor, a autoridade da fórmula coincidiu com a autoridade de quem a formulou e promulgou, e tornar-se-á impossível distinguir uma da outra.

Desde Newman, afirma Pieris, o desenvolvimento dos conteúdos do dogma é admitido em princípio. Ele nos lembra também, citando *Unitatis Redintegratio*, n. 11, do Concílio Vaticano II, que se admite uma hierarquia de verdades. Além disso, é possível admitir que um dogma (enquanto obra humana) é uma expressão relativa da fé, condicionada por uma época e limitada culturalmente. Pieris afirma, portanto, que uma fórmula não deve ser utilizada como "norma absoluta" cuja finalidade seria mensurar a ortodoxia. Segundo ele, o que acaba de ser exposto é um ponto de vista razoável e sensato. Ao contrário, "os absolutistas do Patriarcado do Ocidente condenaram essa opinião tratando-a de 'relativismo'. Tal acusação foi dirigida contra os teólogos asiáticos, especialmente os da Índia".[3]

O teólogo cingalês segue seu raciocínio acrescentando que, se se admite o dito precedentemente, "estamos próximos da noção de *sutra* como modelo possível para formular uma verdade salvadora". A noção de *sutra* é, então, compreendida como uma maneira sutil e estética de empregar as palavras humanas para evocar a fé, a esperança e o amor. Pieris se pergunta se não seria possível começar a considerar os dogmas com essa característica dos *sutras*. Seria uma maneira de livrar o dogma de seu caráter juridicista, ligado a uma cultura particular, evitando, assim, que os dogmas sejam utilizados como dispositivo de "controle a distância", monopolizado por um único grupo de pessoas.

Um *sutra* não exige menos rigor intelectual e precisão conceitual do que um dogma e, ademais – diz Pieris – os *sutras* não exigem de modo algum uma inspiração divina. Diferentemente da *sruti* (revelação), os *sutras* são considerados como obras dos humanos, uma coletânea de exatidão conceitual e de fraseologia eufônica, mais evocadores do que assertivos. Por isso não são instrumentos de controle. É preciso colocá-los no gênero de um convite à fé e às outras virtudes teologais. Eles apelam a uma resposta. Não são, portanto, dogmas no sentido da tradição cristã.

---

[3] PIERIS, Cristo más allá del dogma... (I), p. 7.

O teólogo propõe a seguir dois *sutras* que exprimem o dado mais fundamental do Cristianismo e que ele considera como alicerce da "cristologia da Aliança" que ele desenvolve. O primeiro *sutra* declara: "O amor é ao mesmo tempo o ser mesmo de Deus e a *palavra* de Deus a nós dirigida". O segundo *sutra* declara que "a palavra de Deus a nós dirigida *é Jesus*, suscitando e constituindo nosso amor para com Deus e o próximo".

O primeiro *sutra* quer exprimir que "a palavra de Deus é essencialmente uma Aliança. E essa palavra de Aliança de Deus é Jesus Cristo". Infelizmente, essa palavra não foi sempre compreendida no sentido dinâmico, mas desde o início como *logos* ou especulação. Ora, Pieris propõe interpretar essa palavra no sentido de *dabar* como fez de modo incoativo na sua obra *Fire and water*.[4] *Dabar* é interpretado como uma força ativa para transformar o mundo e não como princípio racional para interpretá--lo, como no caso do *Logos*. O paradigma teológico segundo o sentido de *dabar* é, portanto, diz Pieris, "privilegiado para os teólogos da libertação de todos os continentes".

No segundo *sutra*, que amplia o conteúdo cristológico do primeiro, está a validez de toda a cristologia. Porque uma cristologia que não chegasse a mostrar a ligação (ou identidade) eterna entre Jesus, que é a palavra, e palavra que provoca o amor de Deus e do próximo, seria um exercício vazio. Segundo Pieris, está aí um dos problemas mais fundamentais da doutrina cristológica de Calcedônia, a propósito da singularidade e da unicidade da pessoa e missão de Jesus. O dogma não aborda a temática dessa singularidade e unicidade, compreendidas no sentido expresso no segundo *sutra*. Ao contrário, a temática da singularidade e unicidade de Jesus é compreendida num outro sentido e, paradoxalmente, serve para acusar os teólogos asiáticos de terem relativizado o Cristo. Assim, Pieris anuncia que rejeitará a expressão "a unicidade de Cristo" porque ela não possui ne-

---

[4] Id. The Problem of Universality and Inculturation with Regard to Patterns of Theological Thinking. In: *Fire and Water. Basic Issues in Asian Buddhism and Christianity*. New York: Orbis Books, 1996. p. 138-153. Pode-se consultar também a tradução espanhola: *Liberación, inculturación, diálogo religioso*. Estella (Navarra): Verbo Divino, 2001. p. 231-244. Nessas páginas Pieris reinvindica uma "cristologia compreensiva (ou universal)", *i.e.*, levar em conta três aspectos no discurso cristão, a saber: "Jesus enquanto palavra que interpreta a realidade, enquanto meio que transforma a história e enquanto caminho que conduz ao silêncio de todo discurso. A sabedoria?".

nhum sentido no contexto asiático. Certamente, ele afirma estar de acordo com o que Calcedônia tentou dizer em seu próprio paradigma: no modo de constituição de Jesus, enquanto unidade pessoal, o divino e o humano não podem conhecer nem fusão nem divisão. Mas a questão de "como exatamente as duas naturezas permanecem ao mesmo tempo distintas e unidas" (a partir da perspectiva soteriológica), é aparentemente pouco importante e desafia toda explicação humana. Portanto, essa questão não pode ser invocada como critério de ortodoxia.[5] Vista a partir da Ásia, a doutrina do Concílio de Calcedônia, mesmo ela sendo correta no que quer dizer com uma linguagem filosófica complexa, mostra-se, enfim, pouco pertinente e pode até mesmo ser mistificante. A tradução mais confiável de Calcedônia em línguas asiáticas acaba dizendo o contrário do que os padres do Concílio queriam exprimir. Precisamente nisso se reconhece o outro problema que decorre de uma doutrina que apresenta o Cristo como Deus-homem enquanto a Encarnação de um dos poderes cósmicos (*devas*), aos quais algumas religiões asiáticas se recusam a atribuir um estatuto soteriológico. É precisamente por causa disso, e em nome do Concílio de Calcedônia, que "é preciso abandonar sua própria linguagem teológica".

Em suma, o teólogo repete que o Concílio de Calcedônia não prestou atenção aos problemas fundamentais que supõe a definição de Jesus enquanto pessoa e acontecimento único. A partir do continente asiático, é difícil considerar "a proclamação do Cristo de nossa fé" sob o modo de expressão calcedônio. Ademais, o obstáculo maior para desenvolver uma cristologia autêntica no continente asiático é o Patriarcado ocidental, que considera sua própria formulação cristológica como essencial para a profissão de fé, pois ela define a unicidade de Cristo.

Ora, Pieris é pouco inclinado a falar da "unicidade de Cristo" porque as questões colocadas pelo Concílio de Calcedônia estão distantes do ensinamento central de Jesus, que resume a Lei e os profetas. Noutros termos, a revelação encontra-se personificada (*embodied*) em Cristo, compreendido como nosso Deus e nosso próximo ao mesmo tempo.[6] Nisso repousa, parti-

---

[5] Ver: PIERIS, Cristo más allá del dogma... (I), p. 11.
[6] Ibid., p. 12.

cularmente, o interesse principal e a intenção de uma "cristologia da Aliança" num contexto asiático. Eis a função de um segundo *sutra* que quereria preencher a lacuna na fórmula de Calcedônia.

Uma mudança de paradigma em cristologia

Pieris propõe uma mudança de paradigma. Afirma que o que corresponde à fé não é "uma revelação, mas a promessa divina, sopro da esperança". A fé não é uma realidade que gira em torno das verdades reveladas por Deus. Ela é antes de tudo a fidelidade a um Deus fiel, àquele que fez uma promessa de salvação. Pieris recusa-se a aceitar que a cristologia seja definida unilateralmente como *fides quaerens intellectum*, porque essa definição está baseada num modelo do *logos* que levou os escolásticos a subordinar a faculdade do amor à do entendimento. Numa teologia do *dabar* a intelecção procede do amor e da fidelidade, conforme as palavras da Primeira Carta de João: "Aquele que não ama o próximo não conhece a Deus" (cf. 4,8.20). A. Pieris insiste no fato de que a fidelidade do amor é a fonte do conhecimento, mas de um conhecimento que é salvador.[7] O teólogo propõe a fórmula para corrigir aquela que dá prioridade ao entendimento: *fides sperans salutem*. Segundo ele, essa fórmula é mais bíblica e, definitivamente, é um *sutra*. Nessa fórmula é Maria que "é a primeira entre os humildes e pobres do Senhor, que confiadamente esperam e recebem a salvação de Deus", segundo a expressão da *Lumen Gentium*, n. 55. É assim que a Igreja está presente entre os pobres, à maneira de Maria, *speram salutis*. E assim são os pobres e os humildes, os "esperantes" por excelência. O que os pobres sonham sua companheira de Aliança sonha para eles: a libertação.

Esse modo de conceber a cristologia opõe-se a uma compreensão intelectual do Cristo, pois uma compreensão que precedesse o encontro com a Palavra de Deus seria uma gnose. Ao contrário, uma compreensão que teria seu início no encontro com Jesus – como palavra-mandamento do amor de Deus e do próximo – seria uma cristologia da Aliança. Uma compreensão intelectual do Cristo seria uma cristologia sem soteriologia, com uma lin-

---

[7] Ibid., p. 13.

guagem que conduz a uma abstração sobre ele, sem nenhum compromisso com ele. Não seria senão uma tentativa de receber o mistério de Cristo através de conceitos tais como natureza, substância, divindade e humanidade.

O papel da Encarnação na "cristologia da Aliança"

Segundo A. Pieris, "o método que faz girar o discurso cristológico no eixo do mistério da Encarnação, interpretada como união hipostática",[8] é outra causa das abstrações no discurso cristológico – sem esquecer, certamente, o recurso feito a categorias filosóficas na linha da especulação segundo o modelo do *logos*. Nesse sentido, o teólogo diz que esqueceram isto: as primeiras reflexões sobre a Encarnação foram uma ideia tardia por parte daqueles que já tinham concebido o sentido da cruz como ponto final do processo redentor e lugar privilegiado da exaltação. Nesse sentido, a Encarnação foi a conclusão de um processo de retrospecção elaborado à luz da exaltação do Cristo sobre a cruz. Ora, converter a conclusão em premissa maior de uma cristologia é um erro metodológico. Pieris incita os teólogos a retornarem à ordem da revelação no Novo Testamento: a exaltação sobre a cruz dando sentido à dimensão *kenótica* da Encarnação e não o inverso. Por isso, afirma o teólogo cingalês, foi preciso recorrer à filosofia grega para compreender termos tais como "eternamente preexistente", "palavra", "tornar-se carne", pois se tornou impossível captar o escândalo do corpo de Jesus destruído no Calvário. A palavra que se fez carne não foi somente "humanidade" ou "natureza humana" na abstração; ela foi pessoa humana concreta numa situação de destruição. E exatamente nesse sentido é preciso evitar o desvio de compreender a Encarnação reduzindo sua significação à mera humanidade de que falam os filósofos.

Nessa direção o argumento da união hipostática da divindade e da humanidade em uma pessoa divina ser considerado fundamento da unicidade e da singularidade de Cristo, enquanto salvador universal, não resistiria a um questionamento mais sério, segundo Pieris. É preciso situar a unicidade de Jesus no fato de que ele se transforma sem cessar na pessoa corporativa

---

[8] Ibid., p. 17.

chamada Cristo (no sentido de salvador). Nele todos os companheiros da Aliança (os pobres) estão em processo de união à totalidade do cosmo que eles ajudariam a corredimir.[9]

O autor lamenta que a especulação cristológica tenha-se concentrado no problema da união sem mistura da humanidade e da divindade de Cristo. Isso conduziu pouco a pouco a definições de Calcedônia, nas quais a referência tão fundamental à história ficou apagada. O que interessava naquele momento era o pseudoproblema de harmonizar a divindade de Jesus no *Logos* divino. Ademais, o problema foi resolvido à custa de sua humanidade. A. Pieris observa uma distinção que se fez entre soteriologia e cristologia. Alguns teólogos, principalmente protestantes, assegura ele, dizem que, no Cristianismo primitivo, o olhar sobre Jesus era mais "soteriológico", voltado para frente, para a parusia. Ao contrário, no período neotestamentário posterior, o olhar sobre Jesus privilegiou sua vida, seu nascimento, sua preexistência e a Encarnação subsequente. Segundo Aloysius Pieris, é preciso evitar tal dicotomia, pois ela é fruto de uma "dupla visão provocada pela perspectiva analítica da teologia do *logos*". Para ele, é melhor utilizar "cristologia" no seu único sentido possível: soteriologia. Uma soteriologia que recebe seu sentido do "momento escatológico" de Cristo sobre a cruz. Desse modo, não se pode senão afirmar:

> Deus é sempre um Deus para nós, uma vez que revela seu ser naquilo que faz para nós. Deus é, portanto, o salvador-criador que está, por isso mesmo, implicado automaticamente no que criou e redimiu. A cruz atesta que esse dinamismo é visível para todo o mundo de todas as épocas. O que (Deus em) Cristo fez na cruz para nós define, por assim dizer, quem é (Deus em) Cristo.[10]

Percebe-se bem a importância da cruz na cristologia de Pieris. A cruz é o "lugar social" onde se produziu de uma vez por todas "um conflito social!" entre o Reino do *Abba* de Jesus e o sistema oprimente de dominação, inventado pelos servidores de Mâmon. Nesse sentido, Pieris afirma que essa cristologia é um programa de libertação que ao mesmo tempo gera uma

---

[9] Ibid., p. 18.
[10] Ibid., p. 19.

teologia, não uma especulação. Nessa cristologia não se tem a necessidade de fazer resultar uma práxis forçada ou uma explicação filosófica a partir da qual seria necessário introduzir de modo artificial uma soteriologia.

Pieris insiste na importância da afirmação de 2Cor 5,16 – "se, outrora, conhecemos Cristo à maneira humana [segundo a carne], agora já não o conhecemos assim" – para indicar a "participação" de Jesus na nossa condição e sua "vitória" sobre ela. Isso não quer certamente dizer, assegura o teólogo, que seja necessário ver aí uma referência à humanidade e à divindade de Jesus. Ele quer sublinhar somente que a participação na nossa humanidade e sua vitória sobre ela exprimem dois momentos da atividade salvadora de Jesus. E esses dois momentos coincidem na cruz e não são separáveis, pois sua "existência carnal" e seu "ser constituído Filho de Deus pela ressurreição" (cf. Rm 1,3-4) são também inseparáveis. Mas, curiosamente, Pieris introduz uma oposição entre a Encarnação e a cruz de Jesus. O próprio subtítulo que escolheu nessa seção de seu artigo é muito eloquente: *Encarnação* versus *crucifixão*.

Resumindo seu pensamento, Aloysius Pieris declara que seu discurso não é uma "discussão especulativa" sobre a dialética entre o Jesus histórico e o Cristo do querigma; entre Jesus segundo a carne e o Cristo como atualmente o conhecemos. Seu discurso será a "proclamação martirial" (apoiada por testemunhas) de que esse Jesus que nós seguimos como pobres, como ele era segundo a carne, é o Cristo de hoje, tal como hoje o conhecemos, e que nós lhe servimos em seus representantes: as vítimas das nações. Assim, a hermenêutica deve ser compreendida como uma *lectio divina*. Com efeito, toda hermenêutica recebe sua autenticidade do modo segundo o qual as Escrituras são lidas pelos pobres. Ora, a maior parte dos pobres chamados a serem parceiros da Aliança de Deus no seu projeto de libertação, lembra Pieris, não são cristãos. Eles são parceiros de cristãos pobres e de muitos agentes de libertação numa missão comum. E "Jesus (no qual Deus se converteu em Aliança com os pobres) tem necessidade de sua colaboração para chegar à plenitude do seu ser-Cristo, pois Jesus não pode ser Cristo sem eles".[11] Pieris concebe a relação entre Jesus e Cristo assim:

---

[11] Ibid., p. 23.

Ainda que Jesus seja inteiramente Cristo (*totus Iesus est Christus*), ele não é a totalidade de Cristo (*non est totum Christi*), porque a totalidade de Cristo não é Jesus (*totus Christus non est Iesus*). Noutros termos, Jesus está ainda em processo de chegar ao ser-Cristo total e não chegará a tal sem reunir seus companheiros de Aliança. Portanto, Cristo não deve ser *concebido* simplesmente como uma "pessoa", no sentido de uma "substância individual de natureza racional", mas deve ser *reencontrado* como "pessoa corporativa" que é carne e sangue com todos os pequenos, que sempre está engajado no processo de salvar, reunir, e integrar a todos e a tudo, no que (em linguagem cristã) é confessado como plenitude de Cristo.[12]

Para compreender melhor essa passagem, é preciso lembrar que Pieris faz uma vigorosa crítica da interpretação de títulos tais como "Filho de Deus" e "Cristo". Mas é preciso saber que sua crítica dirige-se, particularmente, ao fato de atribuir-se um caráter absoluto a esses títulos. Segundo ele, e do ponto de vista da Ásia, outros títulos poderiam igualmente exprimir a identidade de Jesus. Certamente, o teólogo cingalês não desaprova a "unicidade de Jesus". No entanto, considera que a temática da "unicidade de Cristo" não faz jus suficientemente às reivindicações provenientes de uma teologia atenta às religiões e à pobreza de um continente religioso como a Ásia.

Ao mesmo tempo, não podemos assimilar a crítica de Pieris à de Panikkar, mesmo havendo semelhanças. Para Panikkar, parece, a significação e o peso da história de Jesus para a fé cristã são fortemente restritos. Ora, a força e a importância da história de Jesus para configurar a fé estão muito presentes na cristologia de Pieris. A seguir, para precisar mais, Aloysius Pieris convida a reconhecer "como um dado da revelação", que não há nenhum problema, nem filosófico, nem de outro gênero, em Deus tornar-se homem. Ele afirma que a humanidade é criação amorosa, algo bom e nobre: "Deus poderia ter-se tornado flor sem nenhum desconcerto". Contudo, o que se tornou escândalo e foi considerado loucura é que Deus, tornando-se homem, escolheu um nascimento, uma vida e uma morte que pertencem aos desumanizados, e que Deus, em Cristo, abaixou-se a si mesmo à condição de escravo, no seu modo de viver e no seu modo de morrer. Para Pieris, isso

---

[12] Ibid., p. 24.

define a singularidade cristã precisamente, fazendo de Jesus Cristo uma realidade única. Numa palavra, a cristologia, para Pieris, é destinada a pensar isto: "O escândalo e a loucura que assumiu a Palavra de Deus segundo a carne".

Pieris recusa-se a aceitar um Deus compreendido como um ser existente por si mesmo, o absoluto imutável, a potência impassível ou o motor imóvel. Esse é o Deus que os ateus ridicularizam e expulsam de suas vidas. Ao contrário, ele proclama "o Deus uno e verdadeiro, ligado a si mesmo para ser o pacto de defesa com os pobres contra os poderes de Mâmon". Esse pacto é Cristo Jesus, que se encarnou por nossa causa e habitou entre nós. Ora, para estar em comunhão com esse Deus de Jesus, é necessário que estejamos com os pobres. Tal ato de fé nessa Aliança leva-nos a crescer no verdadeiro corpo de Cristo: uma Igreja que traz em si as cicatrizes dos pobres. Trata-se de uma adesão pessoal e comunitária a Cristo, a pessoa corporativa na qual o Deus Trindade constitui uma "continuidade de corpos (*body-continuum*) com os pequenos da terra".

Para encerrar todas essas considerações, Pieris propõe refletir sobre o que ele chama de "anomalia maior" da teologia contemporânea. Essa anomalia consiste em conservar a linguagem "do alto e do baixo", apesar de todos os esforços para demitologizá-la. Essa linguagem, herdada de início da visão babilônico-cananeia, foi aceita pelo Antigo Testamento e depois pelo Novo. A linguagem "subida-descida" faz parte da linguagem cultural da Bíblia, ainda que não seja o cerne do conteúdo revelado. Essa linguagem adquiriu o direito de cidadania entre os crentes da época do Antigo e do Novo Testamento. Ora, atualmente, quando se fala de "cristologia ascendente" e de "cristologia descendente", está-se referindo forçosamente a essa linguagem bíblica, tomada com uma espécie de literalidade, e não como uma leitura fiel ao espírito dos autores das Escrituras. Parece claro, portanto, para Pieris, que se adotou um modelo em desuso do universo que não faz parte da revelação. O que se torna problemático é olhar a Encarnação, a Ressurreição e os ministérios da Igreja dentro de tal quadro. Daí, quando se fala de "cristologia clássica", como Rahner fez, quer-se referir a uma "cristologia vertical, de Encarnação e descendente". Isso nos conduz seja a uma "teoria platônica e especulativa da divindade e da humanidade", seja à "teoria feudal germânica da satisfação". Essas perspectivas estão em franca contradição com uma "cristologia horizontal da história da salvação" (Rahner) ou, simplesmente, com uma cristologia "a partir de baixo". Em todo caso, escreve Pieris, "essa linguagem vem de nossa percepção humana de um espaço estático tridimensional". E mesmo nessa linguagem não se pode evitar falar de Deus e da salvação. Por isso, acrescenta, assim que se emprega tal metáfora dever-se-ia prestar atenção para não retirar a "cristologia da *perspectiva promessa-cumprimento da história da salvação*",[13] pois essa perspectiva é muito forte nas Escrituras. Ora, na Ásia, quando se recorre à linguagem da "descida" (*avatara*), deve-se equilibrá-la e corrigi-la com a linguagem do "aparecer ou emergir" (*unmajjana*) e, ao mesmo tempo, ela deve ser enriquecida com a "convergência". Segundo Pieris, a dinâmica do "emergir-convergir" foi apreciada por Teilhard de Chardin, que teria elaborado uma "teologia do Deus-adiante", modificando, assim, a "teologia do Deus no alto".

Nesse quadro, Pieris assegura que, na "cristologia da Aliança" que ele propõe, "a promessa" que age desde o início "emerge em carne e sangue" como Jesus de Nazaré. Esse Jesus cresce em direção ao ser-Cristo que tudo abraça. Para ele converge toda a criação e toda a história como seu último porvir. Aqui está a cristologia – como soteriologia – entre o *Logos* (que penetra na história desde a esfera divina do alto) e o *dabar* (a palavra de promessa que cria a história no seu *processo* para tornar-se plena). Para Pieris, o modelo do "Deus-adiante" corresponde ao tema maior do que é dito nas Escrituras e de tudo o que é proclamado por nossa fé:

> Nessa perspectiva, pareceria que, na tradição teológica que levou a Calcedônia e que subsistiu depois desse Concílio, o *ho logos sarx egeneto* do evangelista João e as afirmações "eu sou" do Jesus joanino, bem como as referências dos hinos à preexistência do Cristo no corpo paulino e deuteropaulino, foram marcadas pela dimensão ôntica própria da religião grega. Os representantes dessa cristologia não parecem ser conscientes de que aqueles que compuseram os hinos, ou os adotaram, o fizeram porque queriam dizer

---

[13] Ibid., p. 28.

algo sobre o fenômeno Jesus e não porque quisessem especular a respeito do ser divino antes da história.[14]

Pieris imediatamente acrescenta que não quer negar a preexistência de Cristo, mas que quer alertar sobre o perigo de uma cristologia baseada no que nós, como humanos, podemos especular sobre a palavra em termos ônticos. Portanto, é melhor acentuar a perspectiva do "Deus-adiante" do que a do "Deus-no-alto". O teólogo asiático sublinha que é melhor aceitar essa "mudança de paradigma" se não quisermos compreender o "fenômeno histórico de Jesus" como o "embaixo" e "a palavra eterna preexistente" como o "no alto". Tal linguagem seria consequência da confusão provocada pela "opção calcedônia". Na "cristologia da Aliança" proposta, tais questões não se colocam.

O alicerce da "cristologia da Aliança" é, para Pieris, o *sutra* que preconiza que "o amor é o ser mesmo de Deus, assim como a própria palavra de Deus dirigida a nós". E a Palavra de Deus a nós dirigida é Jesus, que provoca e encarna nosso amor a Deus e ao próximo. A segunda parte desse *sutra* desenvolve-se em duas formulações interdependentes que mostram a singularidade e unicidade de Jesus: (a) Jesus é a Palavra de Deus caracterizada como espada de dois gumes em conflito com Mâmon e (b) Jesus é a palavra de promessa do Deus da Aliança com os pobres. Essas formulações são entendidas não somente como asserções, mas como ordens programáticas. Ora, o conflito a que se refere chega a seu âmago sobre a cruz, o lugar da revelação da batalha do final dos tempos. Esse final dos tempos, que já começou fazendo-se carne em Jesus – sendo este compreendido como homem de contradição e confronto. Para Pieris, essa "assunção da carne", segundo a perspectiva do conflito Deus-Mâmon, oferece uma forma particular de compreender a Encarnação:

> Graças a esse "assumir carne" (*enfleshment*) podemos dizer [...] que Deus e os ídolos constituem atualmente o tema central da história do mundo e ninguém pode permanecer neutro. Alguém que estiver no seguimento de Jesus deve entrar no campo de batalha e tomar partido. É assim que é ne-

---

[14] Ibid., p. 31.

cessário compreender a Encarnação vista a partir da aparição pública do conflito Deus-Mâmon sobre a cruz.[15]

Num primeiro olhar, sobre a cruz o conflito entre Deus e Mâmon coincide com o pacto entre Deus e o pobre que "se encarnou" (*was enfleshed*) como (*as*) Jesus. É ele mesmo, portanto, a Encarnação desse conflito. Imediatamente, percebe-se que há aí um modo particular de conceber a Encarnação. De fato, já em *God's Reign For God's Poor*, essa compreensão particular da Encarnação está presente na maneira de compreender o próprio Jesus. A "fórmula de Jesus" à qual Pieris diz ser necessário retornar é a seguinte: "Jesus de Nazaré como pessoa, mensagem e missão não é senão o momento histórico intensivo, consequentemente também a Encarnação (*embodiment*) pessoal e corporativa do 'conflito entre Deus e Mâmon' e da Aliança entre Deus e o pobre".[16]

Essa "fórmula de Jesus" quer reunir a unidade de Deus em Cristo, entendida como "Deus-e-os-pobres lutando juntos pelo Reino". A "cristologia da Aliança" que Pieris deseja desenvolver está condensada nessa "fórmula". Assim, o conceito de Encarnação, na sua compreensão habitual, sofreu uma mudança de sentido. O que Jesus "encarna" é o conflito Deus-Mâmon e, ao mesmo tempo, o pacto de Deus com o pobre. O sujeito da Encarnação não é o *logos* nem o próprio Jesus, mas o conflito e o pacto de Deus. A batalha Deus-Mâmon e a Aliança de Deus com o pobre são encarnadas em Jesus. O lugar supremo dessa Encarnação é a cruz.

A cristologia da Aliança e suas implicações para uma teologia das religiões

Para Pieris, essa linguagem do "conflito" entre Deus e Mâmon possui uma dupla origem: ela é bíblica e, ao mesmo tempo, extrabíblica. Assim, esse conflito está presente em todas as religiões sob a forma de luta contra a

---

[15] Id. Cristo más allá del dogma. Hacer cristología en el contexto de las religiones de los pobres (II). *RLT* 53 (2001) 108-109.
[16] Id. *God's Reign For God's Poor*. A Return to Jesus Formula. 2. ed. Gonawila-Kelanina: Tulana Research Centre, 1999. p. 35.

idolatria e pode ser expressa em termos não teístas em certas religiões, como o Budismo, o Jainismo e o Taoísmo. Essas religiões afirmam uma salvação sem postular um salvador. Trata-se, nessas religiões, de uma renúncia tão radical quanto para um cristão chamado a renunciar a si mesmo e a tomar a cruz. Segundo Pieris, isso mostra que é possível referir-se ao bem último em termos de *soteria* e não necessariamente em termos de *soter*. O que nos mostram essas religiões é que o não teísmo pode ser anti-idolátrico.

É, assim, possível uma expressão não teísta da *soteria*. Esse caráter anti-idolátrico das religiões deve ser considerado como o próprio coração da herança comum de todas as religiões, inclusive a nossa. A partir daí, é possível sublinhar que a "conversão", no sentido de mudança de direção e de mente, é a exigência fundamental para a salvação-libertação. Ademais, ela é comum a toda religião, segundo seu próprio paradigma. Em termos cristãos, trata-se da conversão ao Reino de Deus. Para Pieris, é precisamente aí o centro primordial de todo diálogo inter-religioso:

> Cada religião, em suas concretizações sociológicas, é julgada a partir de sua própria soteriologia. Assim, a soteriologia cristã condena sua própria maneira de propagar a religião com a ajuda dos poderes coloniais, o tratamento que deu aos judeus, sua secular e permanente injustiça para com as mulheres, sua incompreensão e sua perseguição (antiga) às outras religiões da Ásia. Pode-se dizer a mesma coisa do Judaísmo, do Hinduísmo, do Budismo e do Islamismo. Cada religião condena seus próprios desvios institucionais a partir de sua própria espiritualidade fundamental. Decorre daí que a espiritualidade comum, expressa no primeiro *sutra*, é o critério comum, não somente para a autocrítica em cada religião, mas também para a crítica entre as religiões. Trata-se de uma importante aventura ecumênica.[17]

Imediatamente, Pieris afirma com clareza que o Cristianismo deve apreciar a especificidade das outras religiões, mas deve também identificar o que o distingue delas: "Jesus é a palavra de promessa da Aliança de Deus com os pobres". Esse segundo *sutra* afirma a especificidade cristã e pode ser lido também deste modo: "Não existe salvação fora da Aliança de Deus

---

[17] Id., Cristo más allá del dogma... (II), p. 110.

com os pobres". Tal afirmação é inadequada sem esta outra, mais geral, que corresponde ao primeiro *sutra*: "Não há salvação fora do Reino de Deus".

Para Pieris, as consequências do que foi exposto são claras: onde Deus é amado e servido, são os pobres, não a pobreza, que comandam. Onde os pobres são amados e servidos, é Deus que comanda, não Mâmon. É na cruz que Deus se prende a uma promessa: Cristo crucificado e ressuscitado. Tudo isso se compreende como a unicidade de Jesus e, ao mesmo tempo, como a unicidade da missão daqueles que o seguem. É assim que, acrescenta Pieris,

> a Palavra de promessa divina opta por uma classe social, no próprio processo do devir humano (*etapeinosen*), o que se torna evidente ao sofrer a morte de um escravo criminoso (Fl 2,5-11). Desse modo, a Palavra fez-se pecado na sua manifestação mais crua.

Então, a palavra, como vítima da injustiça (que é a idolatria por parte dos fanáticos religiosos em acordo com os fanáticos políticos), pode expor-se a si mesma na cruz como verdade nua. Nesse quadro Pieris pode afirmar que a pobreza infligida a muitos por causa da cupidez de alguns é uma blasfêmia contra Deus, pois isso "profana o humano e o cósmico onde Deus armou sua tenda".

Nessa concepção a morte de Deus em Cristo deu-nos o sopro de vida. Assim como Deus morreu e ressuscitou em Cristo, nós também morremos e ressuscitamos com Deus em Cristo. Esses dois acontecimentos mostram respectivamente a realidade crística que define a unicidade de Jesus e a condição de discípulo que define o apelo do cristão. É a partir do cumprimento da promessa na cruz, afirma Pieris, que se deve falar de Deus. Para ele, o sentido da cristologia deve ser buscado precisamente nela. Portanto, quando os pobres estão no centro da teologia das religiões e da cristologia, o mais importante é a luta contra a idolatria, antes de toda pertença religiosa:

> Esse Deus que não pede jamais aos pobres que mudem de religião, mas somente que se unam a ele na luta contra a idolatria, (esse Deus) que fala neles e através deles, é na verdade a "boa notícia para os pobres". Proclamá-la em obras e fatos é nossa missão específica. É a essência de nossa cristologia.[18]

---
[18] Ibid., p. 113.

Segundo Pieris, a cruz é o lugar da revelação de Cristo para os asiáticos. Mais precisamente ainda, a cruz é o lugar de revelação do Cristo asiático, pois a maior parte dos pobres da terra é de não cristãos e de asiáticos. Numa palavra: os pobres são o corpo visível do Cristo onde a Aliança se revelou.

A unicidade de Jesus *versus* a unicidade de Cristo?

Em primeiro lugar, a unicidade do Cristianismo, segundo a concepção de Pieris, já foi expressa na formulação do duplo *sutra*. Por si só a expressão "unicidade de Cristo" não tem sentido. Para Pieris, trata-se mais propriamente de expressar "a unicidade de Jesus", pois, tornando-se Cristo, Jesus revela sua unicidade. É a realidade crística de Jesus que exprime sua unicidade. O gênero de Palavra que é Jesus expressou-se no duplo *sutra*. Ora, trata-se agora de explicitar como e onde se encontra essa unicidade de Jesus, expressa na sua realidade crística.

Para o autor, não é possível existir um Cristo sem a cruz. Do mesmo modo, Cristo não está ausente lá onde se toma uma cruz, seja qual for a religião daquele que a toma:

> A insistência sobre uma cristologia que gira ao redor do acontecimento da morte-ressurreição que se produziu na cruz (o que define a unicidade de Jesus, assim como a especificidade da condição de discípulo) inspirou-se nos dois aspectos de Cristo que coincidem na cruz.[19]

É importante notar que para Pieris a morte e a ressurreição de Jesus não são dois acontecimentos separados ou separáveis, mas dois aspectos de um único mistério. O que se disse sobre a unidade inseparável da morte e da ressurreição também pode ser dito sobre a efusão do Espírito, uma vez que essa efusão também se produziu na cruz.

O acontecimento da morte-ressurreição-Pentecostes constitui, escreve Pieris, "a expressão suprema e o momento mais denso do duplo mandamento-palavra de amor a Deus e ao próximo vivido em plenitude por Jesus

---

[19] Ibid., p. 114.

sobre a cruz como essência de sua realidade crística". Esse ato de Jesus, encarnando o duplo *sutra*, é que reconciliou a humanidade com Deus. Afirmando isso, segundo Pieris, não se faz senão explicitar o que esteve presente na tradição teológica do Ocidente: a redenção de Jesus atribuída à sua obediência e ao seu amor, manifestados na sua morte na cruz, mais do que na Encarnação.[20]

Jesus que morre e que ressuscita sobre a cruz, escreve Pieris, não é somente a Palavra divina que exprime e constitui o duplo mandamento de amor a Deus e ao próximo, mas é também a palavra humana de obediência a esse duplo mandamento que é ele mesmo. Essa palavra teândrica é a que se exprime no título "Cristo", incorporando nele todos os outros títulos. Pieris acrescenta:

> É um dado que a cristologia clássica ocupou-se excessivamente com especulações baseadas na união hipostática (Encarnação), e esqueceu essa dimensão constitutiva da realidade crística que Jesus manifestou como seu caráter (*character*) único. Sem dúvida, pressupõe-se que Jesus é a palavra-promessa preexistente, mas como conclusão, não enquanto premissa maior. Essa premissa é outra: a filiação preexistente de Jesus (Rm 1,3) "é agora visível, no que nos diz respeito, pela ressurreição. Jesus foi capaz de partilhar sua filiação conosco". É assim que Lyonnet o exprime, com os Padres, comentando esse texto.[21]

Segundo Pieris, pode-se, então, ver, na dupla palavra (divina e humana), a distinção clássica entre a redenção objetiva e a redenção subjetiva. Para o autor, esses dois aspectos correspondem respectivamente à realidade crística (o ser de Cristo). Com efeito, é essa realidade que define a unicidade de Jesus e também o caráter do discípulo e, ao mesmo tempo, define o cristão em si mesmo.

Nesse quadro a cristologia é um discurso sobre o Deus trinitário que habita em nós. Por isso não se pode falar de Jesus enquanto Cristo sem falar do Pai e do Espírito. De fato, para o teólogo, o Cristo é o corpo do Deus trinitário. Segundo ele, sua cristologia exprime bem nossa fé no Deus trin-

---

[20] Ibid., p. 115.
[21] Ibid., p. 116.

dade. Uma das tarefas dessa cristologia é completar a importante noção de "pessoa" da teologia clássica com a "dimensão de comunidade" enquanto "complemento correlativo".

É preciso saber que o "ser pessoa" é já uma combinação de autonomia e de relação. Assim, a "comunidade de pessoas" é diferente da "multidão de indivíduos", assim como uma "pessoa em comunidade" é diferente do "indivíduo no meio da multidão". Para Pieris essa forma de pensar é o resultado e, ao mesmo tempo, a contribuição da proclamação cristã de Deus, compreendido como comunidade trinitária de pessoas. Segundo o teólogo, as consequências dessa concepção são evidentes. Pode-se vê-las claramente na eclesiologia, na missiologia e na espiritualidade. Não obstante, com J. Moltmann, Pieris lamenta que o Ocidente tenha abandonado a "doutrina social da Trindade", e que também não tenha desenvolvido as consequências da *perichorèse* e que tenha abandonado essa doutrina em benefício de um "teísmo monárquico".

Ora, é preciso saber, recorda Pieris, que a palavra "pessoa", em certos contextos asiáticos, possui uma conotação negativa e, em suma, não é uma palavra adequada para aplicar a Deus. É preciso, então, tentar superar tal visão negativa dessa palavra, esforçando-se para exprimi-la nas línguas asiáticas. Não no seu sentido grego, mas segundo seu sentido gramatical presente em várias línguas. Seria preciso procurar dizer que "o Deus de Jesus é capaz de uma conversação *intradivina* e não de um *solilóquio*". O *eu*, o *tu* e o *ele* da gramática, sendo a característica da conversação humana, levar-nos-iam a falar de uma "conversação interpessoal" em Deus: a primeira, a segunda e a terceira pessoas divinas. No entanto, previne Pieris, é preciso fazer uma escolha: que linguagem é preciso utilizar na Ásia como base para exprimir essa fé em Deus em termos simples extraídos da gramática? Há duas concepções antropológicas que se opõem: a helenista e a bíblica. De um lado, a noção helênica identifica a essência da pessoa humana pela participação na razão universal, de sorte que a noção de individualidade específica é determinada pelo corpo ou pela matéria – considerados maus pela concepção helênica. Essa concepção, de fato, informou o pensamento sobre as noções de pessoa e personalidade na teologia ocidental e, enfim, a concepção corolária da escolástica afirma que é a matéria que individualiza a pessoa. Essa concepção está subjacente na cristologia contemporânea. De outro lado, a concepção hebraica da pessoa humana é oposta. Nela o fator individualizante não é a matéria ou o corpo, mas o espírito, a *ruah* de Deus. Somos chamados por ele pelo nosso nome e somos, assim, um acontecimento único da palavra. O que temos em comum não é a razão ou o espírito, como no helenismo, mas nosso corpo (*soma*, um corpo físico-psíquico, *psyche* e *sarx*). Esse corpo físico-psíquico deve ser redimido e transformado:

> Do momento em que a Palavra se fez carne (Jo 1,14), a Palavra assim corporificada (*embodied*) juntamente com Deus que a pronunciou e com o sopro divino pelo qual ela foi pronunciada devia ser engajada na batalha do final dos tempos para resgatar o corpo de sua instabilidade. Pois o corpo significa solidariedade com todo o universo. Assim, a solidariedade intradivina da Trindade assume a solidariedade humana, social e cósmica, sofrendo no interior de Deus as penas da carne (desintegração) para reunir tudo num só corpo, isto é, a pessoa corporificada, Cristo [...] [que] é o Deus trinitário que se faz solidário com nossa carne para redimi-la e transformá-la num "corpo plenamente transformado pelo Espírito" (*soma pneumatikon*). É justamente isso a ressurreição, nossa libertação final.[22]

Este texto mostra bem que a Encarnação é percebida num quadro trinitário e, ao mesmo tempo, mostra o engajamento da Palavra na batalha do final dos tempos para redimir o corpo. A Encarnação é antes de tudo uma "corporificação" da Palavra. A Palavra é entendida como um movimento de solidariedade com todo o universo. Há uma espécie de inclusão de nossa "carne" no corpo de Cristo que torna possível sua transformação. Essa transformação é finalmente cumprida na ressurreição.

Pieris faz, ainda, uma observação crítica sobre o que ele chama de "princípio encarnacional" aplicado à inculturação e à teologia das religiões. Faz notar que esse princípio está baseado numa cristologia calcedônia que tentou "integrar" as naturezas divina e humana "numa pessoa divina". A Encarnação segundo Calcedônia, afirma o teólogo, é a integração das duas naturezas de tal modo que o lado humano (baixo) é assumido pela dimensão

---

[22] Ibid., p. 121.

divina (alto). Do mesmo modo, o valor soteriológico de todas as ações humanas é derivado do elemento divino. Pieris se pergunta de novo se não está claro que nos é necessário mudar de paradigma cristológico. A essa questão ele responde que efetivamente é necessário pensar a partir de um novo modelo de cristologia. Esse modelo é a "cristologia da Aliança", da qual já falamos. A cristologia da Aliança que Pieris preconiza é descoberta, acrescenta ele, em e através da "práxis do Reino" que nos liberta das dicotomias e nos leva a uma compreensão da missão de modo mais dinâmico e holístico.[23]

Os pobres como princípio integrador e a teologia das religiões

Em *God's Reign for God's Poor*, Pieris afirma claramente que o conflito entre Deus e Mâmon nos diz o que significa o amor de Deus por Jesus. Nessa obra escreve também que o pacto entre Deus e os pobres nos diz por que Jesus identifica o amor ao próximo com o serviço aos pobres. Ele sintetiza sua proposição num duplo axioma: (a) onde Deus é amado e servido, são os pobres que reinam e não a pobreza; (b) onde os pobres são amados e servidos, é Deus que reina e não Mâmon.[24] Segundo Pieris, se se considera Mâmon como rival de Deus em nossa vida, evangelizar, batizar ou fazer discípulos entre as nações não consiste em converter uma nação à religião cristã. Isso seria o proselitismo condenado por Jesus em Mt 23,15. Trata-se de engajar-se na batalha para derrubar os ídolos nacionais que prosperam em toda forma de escravagismo. A evangelização é, portanto, para ele, a luta comum de todos os adeptos de todas as religiões contra a idolatria. Mesmo os ateus podem rejeitar Mâmon simplesmente no ato de optar pelos pobres e ser, assim, herdeiros do Reino de Deus, entendido como sonho de Deus e dos pobres unidos em Jesus.[25]

Para Pieris, a amizade com os pobres é "a natureza do *ágape* divino". No paradigma que ele propõe, o princípio integrador não pode ser a combi-

---

[23] Id., *God's Reign For God's Poor*..., p. 50-51.
[24] Ibid., p. 35.
[25] Ibid., p. 38-44.

nação de dois conceitos (fé e justiça, por exemplo). Isso pode conduzir-nos a abstrações mais do que a um engajamento no mundo. O princípio integrador é, para Pieris, o pobre.

Por "integração" queremos significar, então, nossa integração com os pobres! Para tanto o nosso modelo é Deus e ninguém mais. Nós imitamos o que Deus fez em Jesus. Deus se fez integrada, ela mesma [sic], desde o princípio com o impotente, mediando um pacto. É essa "realidade integrada de Aliança" que nós reconhecemos como operadora na humanidade de Jesus. Está aí o sentido no qual a Encarnação deve ser entendida de forma original.[26]

Pieris lamenta que a afirmação "Deus se fez pobre" não foi considerada em Calcedônia. Ao contrário, o que predominou foi a afirmação "Deus se tornou homem". Ora, Calcedônia simplesmente perdeu inteiramente a soteriologia do pacto no qual Deus, na sua Palavra, escolheu uma classe específica de ser humano. Segundo Pieris, a humanidade é fruto do amor de Deus, enquanto a desigualdade social é fruto do pecado, resultado da glorificação do poder e da dominação:

> Tornar-se humano não pode ser uma experiência de rebaixamento. A *kénosis* mencionada em Fl 2,5-11 é compreensível somente em termos de fidelidade e de amor de Deus para com aqueles com os quais fez Aliança, as vítimas de uma sociedade idolátrica. Na verdade, Cristo escolheu nascer e viver como uma pessoa socialmente desprivilegiada e padeceu a morte reservada somente aos escravos. É consolador conceber que Jesus como "Deus que se fez pobre" é a intuição operadora na segunda e terceira semana dos *Exercícios Espirituais* inacianos (EE 143-147).[27]

Segundo Pieris, o pacto de defesa entre Deus e os pobres "tornou-se carne e nós a chamamos de Jesus". Estar no seguimento de Jesus não é senão entrar no seu campo de batalha sob o estandarte de sua cruz. Nesse sentido nossa intimidade com Deus é o resultado de nosso "tornarmo-nos pobres com os pobres de Deus". Por isso, se todo encontro com Deus é

---

[26] Ibid., p. 55.
[27] Ibid.

realizado por um meio (*medium*), "o Meio por excelência para o encontro com Deus são os excluídos entre os quais Deus aparece em carne humana, colocando, assim, o selo de Deus sobre seu pacto eterno com os pobres".[28]

Pieris, resumindo seu pensamento e, diz ele, para contentar os espíritos que gostam desse tipo de formulações, exprime sua cristologia da Aliança num modo de equação matemática: "Deus + os pobres = Jesus, o Cristo em luta frontal contra Mâmon". Essa cristologia, escreve Pieris, está em contraste frontal contra a cristologia de Calcedônia, e ele menciona três âmbitos onde esse contraste radical aparece. Primeiramente, em Calcedônia tenta-se integrar filosoficamente as naturezas divina e humana numa pessoa divina chamada Cristo. Enquanto, segundo seu paradigma, se é convidado a descobrir Deus como alguém que está sempre integrada (*sic*) pessoalmente com as não pessoas para formar uma realidade de Aliança. É esse pacto que foi encarnado (*enfleshed*) como Jesus de Nazaré, que, através de sua luta pascal, cresceu na história enquanto pessoa corporificada (Deus-em-Jesus + os pobres) designada em nosso vocabulário cristão como Cristo. É preciso notar, acentua Aloysius Pieris, que a palavra "pessoa" significa duas coisas diferentes em cada uma das cristologias. Em segundo lugar, em Calcedônia havia a necessidade de assegurar uma harmonia entre as duas naturezas em uma pessoa. Na cristologia da Aliança, interessa-se pela desarmonia entre o império de Mâmon, onde a pobreza reina, e o Reino de Deus, onde os pobres decidem como devemos organizar nossa vida. Jesus é o sinal de contradição entre Deus (o amigo dos pobres) e o capital absolutizado (o inimigo dos pobres).[29] Em terceiro lugar, é preciso notar que num contexto pós-calcedoniano a frase *ho Logos sarx egeneto* significava que o princípio racional de inteligibilidade tornou-se uma realidade cósmica no Jesus teândrico. Consequentemente, podemos agora compreender a criação corretamente e ter um comportamento moral segundo essa razão encarnada (*enfleshed*). Ora, para a cristologia da Aliança a frase de São João significa que a Palavra salvadora (*dabar*) pronunciada é entendida como uma voz persistente que emana a partir da carne, isto é, desde a fraqueza dos *anawin*, dos excluídos, os quais constituem o sinal visível e um fruto

---

[28] Ibid., p. 57.
[29] Ibid., p. 58.

tangível de um pecado primordial que se disseminou numa parte da própria criação. Eis que agora Pieris refina seu conceito de Encarnação e afirma: [...] "Encarnação significa 'a Palavra de promessa de Deus dirigida a seu povo sofrido' e 'a palavra de protesto do povo sofrido endereçada a seu Deus fiel', não são duas palavras, mas uma só Palavra salvadora".

Pode-se ver nitidamente o papel do que o teólogo cingalês chamou de "princípio integrador". A opção em favor dos impotentes, enquanto princípio integrador, vai desempenhar um papel central no diálogo inter-religioso e na inculturação. Eles serão entendidos como uma manifestação concreta de nosso engajamento na Aliança ou no pacto de que se falou.

Tal cristologia, tal teologia das religiões, tal o diálogo inter-religioso

Todo diálogo inter-religioso ou inculturação que não tiver nada a ver com os pobres não pode ser considerado, afirma Pieris, como ministério do Reino de Deus. Ao contrário, todo trabalho intelectual e toda pesquisa devem ser motivados pelo zelo dos pobres e a amizade com eles na sua religiosidade e na sua própria cultura, bem como na participação em sua luta por uma humanidade em plenitude.

> O que resta a ser esclarecido agora é o tipo de diálogo inter-religioso implicado nessa cristopráxis [...]. Já indiquei que o "conflito entre Deus e Mâmon" é o alicerce de uma espiritualidade comum a todas as religiões, mesmo se essa espiritualidade repousa sobre uma linguagem não teísta em certas religiões, enquanto "parceria Deus-pobres" é uma mensagem especificamente bíblica que se torna distintamente cristã assim que ele assume a dimensão-Jesus: Jesus é esse conflito (sinal de contradição) e esse Jesus, essa parceria "da nova Aliança". Isso é precisamente a cristologia da Aliança.[30]

Pieris afirma que sua cristologia é derivada do Jesus exaltado sobre a cruz e da práxis do Reino que provoca nosso engajamento. Essa cristologia não se baseia em categorias filosóficas como "pessoa" e "natureza". Ela res-

---
[30] Ibid., p. 69.

ponde antes de tudo a uma categoria concreta de pessoas. Então, se alguém renunciou Mâmon, deve ser considerado discípulo de Jesus, pouco importa a que religião pertence. De fato, não há religião cósmica ou metacósmica que não reivindique essa espiritualidade, mesmo se essa espiritualidade exprimir-se numa linguagem não teísta. Eis o que Pieris chama de "denominador comum" entre as religiões.

Nesse contexto, a conversão não é entendida em termos de mudança de religião, mas em termos de uma mudança radical de direção (*shub*) ou mudança de mentalidade (*metanoia*). Por isso é preciso considerar que cada religião possui algo de específico a oferecer.

> Cada religião possui sua própria missão. Uma vez que o denominador comum é descoberto, reconhecido e praticado, a missão específica de cada religião poderia tornar-se uma arena de um diálogo inter-religioso mais profundo. No entanto, não posso partilhar com um crente de outra religião a mensagem específica do meu próprio credo, salvo se eu estabelecer minha credibilidade, isto é, salvo se eu praticar minha autoridade evangélica testemunhando a espiritualidade fundamental comum a toda religião, expressa na linguagem de minha própria religião.[31]

É evidente que, enquanto cristãos, precisamos saber qual é a nossa missão específica. Ora, o que é próprio da nossa fé, o que é único na nossa fé, segundo Pieris, é a proclamação de seu segundo axioma cristológico: Jesus é Deus em Aliança com os pobres. Deus é aquele que opta não somente por tornar-se humano, mas também por associar-se àqueles que são pessoas socialmente rebaixadas em seu modo de viver e de morrer.

Pieris afirma sem hesitação que "os pobres da Ásia têm o direito de escutar falar desse Deus que já é seu Deus. Esse Deus que vive e morre em Jesus, e que é Jesus, não é uma ameaça para eles como o foi o Cristo colonialista. É preciso afirmar que Jesus é o Deus crucificado que morre protestando em seu favor. Isso nos conduz a aderir-nos à espiritualidade comum a toda religião. A missão cristã específica deveria ser entendida como partilha solidária com os pobres desse Deus crucificado. Decorre daí que um diálogo

---

[31] Ibid., p. 70.

inter-religioso que ignore a obrigação de fazer amizade com os pobres tem pouca possibilidade de ser um projeto religioso.

Nesse quadro, Aloysius Pieris faz uma observação importante: os pobres possuem uma espiritualidade cósmica, ainda que seja preciso reconhecer que todos os seus elementos não podem ser considerados positivos. O que é preciso reter é que a cultura dos pobres mostra-nos certos traços de sua religiosidade.

Em geral, os pobres buscam a Deus em sua luta cotidiana pela vida, para a comida, pela sobrevivência, pela justiça etc. A isso se deve chamar espiritualidade cósmica ou religiosidade cósmica. Essa espiritualidade possui a vantagem de ser ecológica e menos patriarcal. Ao mesmo tempo, essa espiritualidade pode frequentemente conter certos elementos negativos, tais como o fatalismo e os conflitos étnicos, próprios de cada cultura. Mas, sobretudo, é preciso reconhecer e promover todos esses elementos positivos e ajudar todas as culturas a operar um discernimento dos elementos negativos.

Num artigo de 1992, Pieris já havia antecipado o ponto de vista asiático no âmbito da teologia das religiões e do diálogo inter-religioso.[32] Esse artigo tenta mostrar a diferença entre a perspectiva asiática da teologia das religiões e aquela da teologia euro-americana. A teologia asiática afirma que para a teologia euro-americana o ponto de partida da teologia das religiões é a "unicidade cristã" ou "a unicidade de Cristo", que talvez – pergunta Pieris – poderiam ser lidas como um eufemismo de "absolutismo". Para ele, é uma questão ainda aberta.

Pieris procura mostrar que o esquema muito generalizado que classifica as teologias das religiões em categorias do exclusivismo, do inclusivismo e do pluralismo não faz necessariamente sentido num contexto asiático, mesmo se vários teólogos asiáticos foram tentados a serverem-se disso em suas próprias teologias. Ele reconhece ficar frequentemente embaraçado quando lhe perguntam se ele é inclusivista ou pluralista. Com efeito, Pieris considera que o ponto de partida de sua teologia das religiões não é a uni-

---

[32] Id. Inter-religious Dialogue and Theology of Religions. An Asian Paradigm. *EAR* 29 (1992) 365-376.

cidade cristã enquanto tal, nem a unicidade de Cristo. Isso corresponderia a um paradigma que não é adequado no contexto asiático. O paradigma com o qual Pieris sente-se mais à vontade é aquele que considera três realidades ignoradas no paradigma ocidental. Essas realidades são: um "terceiro magistério", isto é, o magistério dos pobres; uma "confiança na libertação", que define a teologia das religiões; e "as comunidades humanas de base" enquanto localização social dessa teologia.

Pieris afirma que os pobres possuem uma "religiosidade cósmica" que pode ser decodificada em sete características: os pobres têm uma "espiritualidade mundana diferente". Se podem aparecer como materialistas, eles procuram somente as "necessidades fundamentais da vida". Os pobres "dependem totalmente de Deus". Eles "gritam por justiça". Sua aproximação de Deus e da religião é cósmica e não secular. Numa espiritualidade cósmica, as mulheres encontram um espaço para exprimir, pelo menos simbolicamente, seu estado de opressão, enquanto nas religiões metacósmicas elas se encontram incapazes de sair da prática patriarcal. A constante consciência das necessidades elementares e sua fé em forças cósmicas que determinam sua vida cotidiana tornam sua espiritualidade mais ecológica. Enfim, o *medium* mais potente nas suas tradições religiosas é a narrativa (*story*).

O teólogo cingalês manifesta as razões para relevar a religiosidade cósmica em relação à religiosidade metacósmica:

> Por muito tempo nós dialogamos exclusivamente com as religiões metacósmicas (isto é, as altas formas de Hinduísmo, de Budismo, de Taoísmo, de Islamismo etc.) e tentamos criar uma linguagem teológica para comunicar nossa experiência comum do Absoluto. A religiosidade cósmica (isto é, as religiões tribais e clânicas, assim como as formas populares de religiões metacósmicas: Budismo popular, Hinduísmo popular, Cristianismo popular etc.) foi desprezada como estágio infantil do desenvolvimento espiritual.[33]

A desconsideração com que é tratada a religiosidade cósmica e seu potencial de libertação vinha da distorção da visão do *éthos* religioso asiático. No entanto, inúmeras transformações sociais na Ásia aconteceram gra-

---

[33] Ibid., p. 370.

ças à participação de grupos tribais e de outros grupos de religião cósmica. Diante dessa constante, o Cristianismo deveria começar a valorizar mais essa religiosidade e descobrir seu potencial libertador. Por isso, acrescenta Pieris, é necessário falar de uma "confiança na libertação" que o próprio Cristianismo herdou da religiosidade dos pobres.

As "comunidades humanas de base" não são grupos que têm por finalidade o diálogo inter-religioso. Com efeito, o diálogo inter-religioso, para Pieris, não possui uma finalidade em si, nem é uma preocupação concernente à identidade religiosa ou à unicidade de cada religião. A finalidade de uma "comunidade humana de base" é antes de tudo a libertação das não pessoas e dos não povos. É no processo de libertação que cada "comunidade humana de base" deve descobrir a unicidade de sua própria religião.[34] Para Pieris, a identidade religiosa não é algo que deve ser procurado por via de discussão acadêmica, mas algo que um membro de outra religião me mostra dentro de um processo nominativo e de reconhecimento, do pecado e da libertação na "comunidade humana de base": "Nós adquirimos por meio de outro nossa respectiva unicidade religiosa".

O teólogo não se contenta em dizer que essas são as características do paradigma que ele tentou relevar, mas também se esforça para dizer o que ele entende como "a especificidade do teísmo cristão". Como já expomos, ele afirma que, na concepção cristã, "Deus fez um pacto de defesa com os oprimidos" e que "Jesus é esse pacto". Desse modo, o autor pode afirmar que os cristãos nas "comunidades humanas de base" recebem paradoxalmente sua identidade através dos não cristãos e através destes descobrem o que é único em Jesus:

> A descoberta foi uma experiência recorrente em vários encontros como aqueles e em vários grupos como aqueles. Começa-se a perceber por que uma teologia asiática da libertação proclama Deus que pode ser encontrado somente com a mediação (sobretudo) dos pobres não cristãos, e proclama também que Jesus é essa mediação. Tal querigma não está em conflito com

---

[34] Ibid., p. 371.

outras religiões nem em competição com elas para ganhar adeptos. Ele também não está em conflito com a catequese oficial da Igreja.[35]

Está claro que, nesse novo paradigma que Pieris postula, as categorias exclusivismo, inclusivismo e pluralismo têm pouca importância. Ele propõe outras categorias mais ajustadas ao contexto asiático. Essas novas categorias são anunciadas como *sincretismo*, *síntese* e *simbiose*.

O *sincretismo* é entendido como uma mistura de religiões ao acaso, uma espécie de coquetel, diz ele. Essa realidade sincrética, segundo Pieris, não existe entre os pobres, mas é-lhes atribuída por pessoas que os olham de fora. A segunda categoria, a *síntese*, consistiria na invenção de um *tertium quid* na relação entre duas ou várias religiões. A *síntese* destruiria a identidade de cada religião. Enfim, na terceira categoria, a *simbiose*, cada religião, desafiada pela forma única da qual outra religião toma a aspiração pela libertação dos pobres, se descobre e se *re*-nomeia na sua especificidade, e isso em resposta a outras aproximações. É o que acontece numa "comunidade humana de base", ou seja: a unicidade cristã é descoberta precisamente nesse *processo*. A *simbiose* é o resultado dessa descoberta.

Uma conversa com Aloysius Pieris: algumas questões

Quando se leem os textos de Aloysius Pieris – é preciso admiti-lo –, prova-se a sensação de estar diante de alguém que vive na coerência intelectual sem retroceder um só instante do rigor do pensamento, sem esquecer as motivações profundas de sua pesquisa. Seus textos são um belo exemplo de uma teologia plena e cuidadosa da vida. Alguns são como a água fresca que tira a sede e nos faz retomar o caminho que atravessa os campos secos e perigosos da teologia. Com a mesma preocupação em relação ao rigor e para honrar o teólogo cingalês, faremos algumas observações e lhe dirigiremos algumas questões.

---

[35] Ibid., p. 373.

Inicialmente, é preciso louvar o cuidado e o esforço de Pieris para interpretar os dogmas. Ele o faz, como vimos, propondo a noção de *sutra* entendida como um modo sutil de empregar palavras humanas para evocar a fé, a esperança e o amor. Trata-se de ler os dogmas[36] sublinhando sua verdade na ordem da salvação.

No primeiro *sutra* que Pieris propõe, "o amor é ao mesmo tempo o próprio ser de Deus e a Palavra de Deus a nós dirigida", a Palavra de Deus deve ser compreendida enquanto Aliança personificada em Jesus Cristo. Essa Palavra não seria interpretada corretamente senão no sentido de *dabar*, entendido como força ativa para transformar o mundo e não como um princípio racional para interpretar o mundo (*logos*). Nesse sentido, o primeiro *sutra* proposto, bem como o segundo, a Palavra de Deus a nós dirigida é Jesus, suscitando e constituindo nosso amor a Deus e ao próximo, são um convite a fazer uma cristologia profundamente cuidadosa do seu contexto histórico particular – no caso, o continente asiático. No segundo *sutra*, mais cristológico, aparece, a nosso ver, o critério para julgar a pertinência de toda cristologia que pretende ser atenciosa para com a história, pois uma cristologia que não chega a estabelecer o laço eterno entre o Jesus-palavra e a palavra que suscita o amor a Deus e ao próximo não merece sem mais o nome de cristologia. Certamente, a tentativa do teólogo de colocar Jesus, o próximo e Deus em relação mostra-se muito fecunda. Ora, para Pieris Calcedônia não aborda a singularidade e a unicidade da pessoa de Jesus no sentido que o segundo *sutra* sugere. Está justamente aí uma razão para nosso autor rejeitar a expressão "a unicidade de Cristo", pois no contexto asiático essa expressão não teria sentido e pertinência, ainda que nos previna estar de acordo com o que Calcedônia tentou dizer no seu próprio universo cultural. Aqui, o que interessa ao autor é intensificar o caráter soteriológico da singularidade e da unicidade de Jesus. A reivindicação de Pieris, certamente, mostra-se muito pertinente.

Contudo, perguntamo-nos se é suficiente intensificar o acento soteriológico para evitar todas as dificuldades ligadas à compreensão calcedô-

---

[36] Ver: WALDENFELS, H. Christ Beyond Dogma?" Some Remarks on Aloysius Pieris's Renewal of Christology. In: CRUSZ, R.; MARSHAL, F.; ASANGA, T. (dir.). *Encounters with the Word;* Essays to Honour Aloysius Pieris, s.j. Colombo: EISD, 2004. p. 212.

nia da pessoa de Jesus. Não seria necessário refletir mais sobre a definição de Calcedônia antes de descartá-la da linguagem teológica? Não se deveria dar mais um passo no estudo da formulação de Calcedônia antes de qualificá-la como praticamente inútil nesse ou naquele contexto? Não seria melhor procurar realizar um ato de interpretação, isto é, enriquecer a formulação calcedônia em si mesma, em vez de substituí-la por outra? Uma vez identificados os seus limites, não seria mais conveniente relevar o sentido pleno de tal ou tal formulação e não substituí-la por outra? Se se fizesse assim, a vantagem seria clara: liberar-se-ia a formulação em si mesma de suas limitações, sem ignorar seu enraizamento temporal particular. Tratar-se-ia de fazer manifestar as possibilidades intrínsecas de tal formulação. Desse modo, um sentido "escondido" poderia aparecer e mostrar-se fecundo para uma teologia cristã das religiões.

Pieris tem razão ao afirmar que a compreensão da Encarnação não deveria ser restrita somente à humanidade ou à natureza abstratamente. Ao contrário, seria necessário sublinhar que se trata de uma "pessoa humana concreta numa situação de destruição". Nesse sentido, ele propõe que a "assunção da carne" de Jesus deve ser lida na perspectiva do conflito Deus-Mâmon. Isso torna possível a afirmação de que aquele que está no seguimento de Jesus deve entrar nesse conflito, no campo de batalha, e tomar partido. Esse apelo, no nosso ponto de vista, é central. No entanto, perguntamo-nos sobre a pertinência da afirmação de que as primeiras reflexões sobre a Encarnação teriam sido "somente" uma ideia tardia da parte daqueles que já tinham compreendido o sentido da cruz. Ora, a Encarnação teria sido a conclusão de um processo retrospectivo à luz da cruz, e que esta última daria o sentido da dimensão *kenótica* da Encarnação. Para justificar verdadeiramente essas afirmações, não seria necessário interrogar desde o início "a história" da ideia de Encarnação no ambiente judeu ou, mais em geral, à luz do Antigo Testamento? Mesmo se for verdadeiro que a compreensão do pleno sentido e da novidade da Encarnação não acontece senão na relação mútua nascimento-cruz-ressurreição, não se pode permitir a negligência a respeito dos alicerces veterotestamentários e neotestamentários. Embora não seja possível fazê-lo nestas páginas, sem dúvida seria desejável iniciar um estudo do fundo bíblico da doutrina da Encarnação.

Apesar das aparências ("Encarnação *versus* crucifixão"[37]), a compreensão da Encarnação na cristologia de Pieris aponta-nos um aspecto fundamental que pode manifestar-se muito fecundo no desenho de uma teologia cristã das religiões: a ligação entre a Encarnação e a cruz é essencial. Dizendo de outro modo: a "assunção da carne" é considerada segundo a perspectiva do conflito Deus-Mâmon, que tem seu cume na cruz. Essa particularidade na cristologia de Pieris sublinha uma ausência recorrente na teologia cristã das religiões: na cruz o conflito entre Deus e os ídolos coincide com a Aliança entre Deus e o pobre, independentemente de sua religião. Em suma: essa Aliança foi "encarnada como Jesus". A Encarnação desse conflito é o próprio Jesus. De fato, nós o constatamos, o conceito de Encarnação é acentuado de outra forma. Não se trata da assunção de uma humanidade na abstração, mas de uma humanidade ferida, humanidade sob o signo do conflito. Essa Encarnação chega a seu ponto culminante na cruz.

Definitivamente, para Pieris a Encarnação não pode ser compreendida fora da Aliança entre Deus e os pobres. Ora, esse conflito de que fala está presente no Cristianismo, mas também em todas as religiões, sob o signo da luta contra a idolatria. É primordial, portanto, compreender a Encarnação como tal pacto realizado em Jesus. É ele "a palavra de promessa da Aliança de Deus com os pobres" e "não existe salvação fora da Aliança de Deus com os pobres". O que se torna central na teologia das religiões e na cristologia de Pieris são, portanto, os pobres e a luta contra a idolatria. Compreende-se bem, então, que a questão da pertença religiosa fica em segundo plano.

Ora, para o teólogo cingalês, já o mencionamos antes, a cristologia deve girar em torno do acontecimento da cruz-ressurreição (concentrada na cruz), onde Jesus encarna o duplo *sutra*. Não obstante, se Pieris não tem problema para ver a unidade da cruz-ressurreição, seria necessário perguntar por que deixar de lado o que significa a história de Jesus compreendida como desdobramento de sua Encarnação. A Encarnação do duplo *sutra* não começou precisamente na manjedoura? Não seria necessário ver o movimento encarnatório da Palavra de Deus já a partir da nascença? Sem dúvida, Pieris quer descartar todo obstáculo da cristologia clássica que

---

[37] Ver: PIERIS, Cristo más allá del dogma... (I), p. 17-21.

permanece na especulação sobre a Encarnação em termos de união hipostática e de relevar, com esse expediente, o caráter soteriológico da cristologia (o que é completamente legítimo na sua posição e que, ademais, se insere na tradição teológica). Ao contrário, mesmo atribuindo pertinência a seu temor, parece-nos que tal temor não impediria ver uma unidade do movimento encarnatório compreendido como cruz-ressurreição. Ademais, a própria vida de Jesus, compreendida como realização de sua Encarnação, poderia ser colocada em relevo, principalmente na visualização progressiva da realização do duplo *sutra* no próprio ministério de Jesus. A cristologia da Aliança de Pieris não ganharia pertinência afirmando que a cruz e a ressurreição fazem parte do movimento da Encarnação? Não teria interesse em ver a Encarnação ao modo de um ícone oriental, onde a cruz e a ressurreição aparecem dentro do vazio negro da gruta do nascimento e no belo e discreto amarelo ao redor do recém-nascido? Falar da Encarnação não significa, automaticamente, falar da cruz?

Pieris afirma muito claramente que o princípio integrador de sua cristologia é o pobre. Ele quer acentuar que o próprio Deus se identificou desde o início com o impotente com um pacto. E é precisamente essa Aliança que age na humanidade de Jesus. Eis mais precisamente o sentido primeiro que Pieris quer dar à Encarnação. Que Jesus tenha se tornado pobre não é evidentemente uma afirmação que Calcedônia aprecia! Calcedônia acentua somente que Deus se fez carne. Eis aqui a crítica feita a Calcedônia: este Concílio perdeu a soteriologia do pacto pelo qual Deus, em sua Palavra, escolheu o homem na sua condição de pobre. Esse pacto de defesa (a própria Palavra de Deus) tornou-se carne em Jesus. Assim, é preciso perguntar se se pode mesmo criticar justamente Calcedônia de não ter colocado em evidência o que Pieris procura sublinhar. Não há aí um anacronismo? Ora, o que é de total pertinência no propósito de Pieris é buscar um novo entendimento do que é a Encarnação. Indubitavelmente, Pieris tem razão ao mencionar que a *kénosis* em Fl 2,5-11 não é compreensível para nós se não se sublinha o amor de Deus por aqueles com os quais fez Aliança, isto é, as vítimas de uma sociedade idolátrica. Mas, ao mesmo tempo, a Encarnação não pode ser reduzida à cruz, a um pacto que somente nela seria verificado, ainda que seja preciso reconhecer que sobre ela a Encarnação atinge sua mais crua realidade. O pacto de Deus com os pobres não se limita à cruz, mesmo se nela ele se concretiza de modo mais significativo. Esse pacto está presente desde que Deus profere sua Palavra. Sem abandonar o que ele pesquisa, Pieris não teria porventura interesse de "alargar" seu conceito de pacto de defesa entre Deus e os pobres? No nosso conhecimento, a vida de Jesus em si não desempenha um papel muito importante na cristologia da Aliança de Pieris. Se nossa apreciação for justa, sua cristologia não se beneficiaria evidenciando certas passagens da vida de Jesus onde aparece tal pacto de defesa? Finalmente, por que seria necessário limitar o conceito de Encarnação somente à cruz, ou igualmente limitar a *kénosis* somente à cruz? Esse tornar-se pobre de Deus, sublinhado tão pertinentemente na cristologia da Aliança, não é anterior à cruz?

Jesus, um entre muitos: Paul Knitter

Nascido em Chicago em 1939, Paul Knitter[1] foi missionário do Verbo Divino. Fez seus estudos na Universidade Gregoriana, em Roma, bem como na Universidade de Marbourg, na Alemanha, onde obteve o doutorado em Teologia. Atualmente, é professor emérito de Teologia na Universidade Xavier de Cincinnati, nos Estados Unidos.

É um dos mais conhecidos no campo da teologia das religiões. Escreveu o conhecido *No Other Name?*,[2] obra que o fez notório nos meios teológicos. Ulteriormente, apareceram várias obras, tais como *One Earth and Many Religions*,[3] *Jesus and the Other Names*.[4] Recentemente, publicou *Introducing Theologies of Religions*.[5] Todas essas obras foram publicadas por Orbis Book, onde é diretor da coleção "Faith Meets Faiths Series". Igualmente, dirigiu várias obras coletivas, especialmente *The Myth of Christian Uniqueness*,[6] que é o resultado do célebre colóquio de Claremont em 1986. Hoje esta obra poderia ser considerada – depois do debate suscitado por *The Myth of God Incarnate*, de 1977 – como "manifesto" da teologia pluralista das religiões.

---

[1] Ver: introdução autobiográfica "My Dialogical Odyssey". In: *One Earth Many Religions. Multifaith Dialogue and Global Responsability*. 2. ed. New York: Orbis Books, 1995. p. 1-22. Também: *Jesus and the Other Names. Christian Mission and Global Responsability*. Oxford: Oneworld, 1996. p. 1-22.

[2] KNITTER Paul. *No Other Name? A Critical Survey of Christian Attitudes Toward the World Religions*. 11. ed. New York: Orbis Books, 1985.

[3] Id. *One Earth Many Religions*. Multifaith Dialogue and Global Responsibility.

[4] Id. *Jesus and the Other Names*. Christian Mission and Global Responsability. Existe tradução brasileira: *Jesus e os outros nomes; missão cristã e responsabilidade global*. São Bernardo do Campo: Nhanduti, 2010.

[5] Id. *Introducing Theology of Religions*. New York: Orbis Books, 2002. Existe tradução brasileira: *Introdução às teologias das religiões*. São Paulo: Paulinas, 2008.

[6] HICK, J.; KNITTER, P. (dir.). *The Myth of Christian Uniqueness*. Toward a Pluralistic Theology of Religions. 5. ed. New York: Orbis Books, 1987.

Em 1997, foi publicada uma obra coletiva intitulada *The Uniqueness of Jesus. A Dialogue with Paul Knitter*.[7] Organizada em três seções, a obra começa por cinco proposições de Knitter (primeira seção), instaurando, assim, um diálogo entre os teólogos de diferentes tendências (segunda seção) e, para prosseguir o diálogo, numa terceira seção, Knitter tenta responder às questões e às críticas que lhe foram dirigidas. Nessa obra o teólogo resume seu pensamento cristológico, ao mesmo tempo em que esclarece todas as questões levantadas pelos outros teólogos. Knitter introduz suas cinco proposições afirmando que

> a julgar a partir de numerosas recentes publicações, está claro que a questão muito debatida sobre a unicidade de Cristo, num mundo de pluralismo religioso, continua a frequentar a comunidade cristã. Os exclusivistas e os inclusivistas acusam os pluralistas de relativismo e de depreciação da mensagem cristã, enquanto os pluralistas respondem com contra-acusações de imperialismo e de abusar ideologicamente do Evangelho.[8]

Por isso o teólogo deseja que suas proposições possam ajudar a reinterpretar a unicidade de Cristo sem abandoná-la.

Em *Jesus and the Other Names*, Knitter já toma em consideração as cinco críticas que lhe foram dirigidas em *The Uniqueness of Jesus*. Essas duas obras apresentam um apanhado muito completo de sua cristologia. A partir delas nós podemos manifestar ao autor a nossa questão: que lugar ele dá, ou não dá, à (unicidade da) Encarnação em sua teologia das religiões? Naturalmente, o fato de privilegiar esses dois títulos não nos impedirá de citar suas obras assim que se mostrar pertinente para fazer aparecer melhor seu pensamento, em um ou outro lugar.

Inicialmente, é oportuno apresentar as cinco teses de Knitter. Isso nos oferecerá uma primeira visão de seu projeto cristológico no quadro da teologia cristã das religiões.

---

[7] SWINDLER, L.; MOJZES, P. (dir.). *The Uniqueness of Jesus*. A Dialogue with Paul Knitter. New York: Orbis Books, 1997.
[8] Ibid., p. 3.

As três primeiras proposições estabelecem a possibilidade e a necessidade de um trabalho hermenêutico. A primeira proposição afirma que, "dada a natureza e a história da cristologia, as antigas compreensões da unicidade de Jesus *podem* ser reinterpretadas".[9] A segunda proposição afirma que, "dado o imperativo ético do diálogo, os antigos modos de compreender a unicidade de Jesus *devem* ser reinterpretados".[10] A terceira proposição sublinha que "a unicidade do papel salvífico de Jesus pode ser reinterpretada no sentido de verdadeiramente, mas não de somente".[11] A quarta proposição tenta enunciar e "situar" o conteúdo da unicidade de Jesus:

> O conteúdo da unicidade de Jesus deve ser percebido na vida e no testemunho dos cristãos. Esse conteúdo, porém, será diversamente cumprido e proclamado segundo os contextos e em períodos diferentes da história. Hoje, a unicidade de Jesus pode ser encontrada na sua insistência no fato de que a salvação ou o Reino de Deus deve realizar-se neste mundo por atos de amor e de justiça.[12]

Finalmente, a quinta proposição dá o "critério" de ortodoxia de tal reinterpretação:

> A ortodoxia dessa reinterpretação pluralista da unicidade de Jesus deve ser fundada principalmente na aptidão de tal reinterpretação nutrir uma espiritualidade cristã holística: a devoção a Jesus e o caminhar no seu seguimento. A maneira aqui proposta de compreender Jesus como verdadeiramente palavra salvadora de Deus, mas não a única, satisfaz esse critério.[13]

Voltaremos a essas proposições ligadas a nosso trabalho.

---

[9] "Given the nature and history of Christology, previous understandings of the uniqueness of Jesus can be reinterpreted."

[10] "Given the ethical imperative of dialogue, previous understandings of the uniqueness of Jesus must be reinterpreted."

[11] "'The uniqueness of Jesus' salvific role can be reinterpreted in terms of truly but not only."

[12] Na resposta diante das críticas, Knitter introduz um complemento importante na sua proposição: "With a special concern for the victims of oppression or exploitation". Ver: KNITTER, Paul. Can Our "One and Only" also Be a "One among Many". In: SWINDLER, L.; MOJZES, P. (dir.). *Jesus Uniqueness. A Dialogue with Paul Knitter.* New York: Orbis Book, 1997. p. 171.

[13] Ibid., p. 4-5.

Paul Knitter começa sua resposta às críticas que lhe foram dirigidas ,admitindo que faz duas décadas que a questão de saber se Jesus é o único e como ele está entre as figuras religiosas das outras crenças tornou-se uma espécie de lugar teológico comum.[14] Ele propõe, portanto, dar uma resposta mais refinada a essa questão, considerando as críticas recebidas. O primeiro esboço de resposta figura no seu texto "Can Our 'One and Only' also Be a 'One among Many'?". Mas essa resposta tomará uma forma mais acabada no seu *Jesus and Other Names*.

Existe em francês pelo menos uma apresentação geral da teologia de Paul Knitter.[15] Não vamos repetir o mesmo trabalho. Trata-se aqui de examinar somente um aspecto de sua teologia. Já mencionamos uma questão que guia nossa leitura: qual é o papel ou o lugar (ou a falta de lugar) da Encarnação na sua teologia das religiões? Se nos deixarmos conduzir por essa questão, seremos convidados a deter-nos em vários momentos sobre tal ou tal afirmação diretamente ligada ao nosso centro de interesse.

Uma primeira afirmação deve ser retida:

> Uma cristologia revisada possui dois ingredientes fundamentais: está fundada sobre uma fidelidade prática, ao invés de uma fidelidade literal ao testemunho do Novo Testamento, e isso sugere que, para Jesus ser *verdadeiramente* a revelação salvadora de Deus, ele não deve ser a *única* revelação salvadora de Deus.[16]

No entanto, o autor escreve em seguida:

> Ocupar-se do esclarecimento de tal revisão de nossa compreensão sobre Jesus é também [permitir] uma *reafirmação* de sua unicidade [...]. A unicidade de Jesus pode ser mais bem formulada no sentido de um símbolo-chave de sua mensagem: o Reino de Deus.

---

[14] Ver: ibid., p. 145.
[15] AEBISCHER-CRETTOL, M. *Vers un œcuménisme inter-religieux*. Jalons pour une théologie chrétienne du pluralisme religieux. Paris: Cerf, 2001. p. 480-532.
[16] KNITTER, *Jesus and the Other Names*..., p. 21.

Isso nos coloca logo de início no coração de seu projeto, formulado preliminarmente em suas cinco proposições.

A inefabilidade do Mistério: consciência histórica e Encarnação

Segundo Knitter, os cristãos, por seu modo de conhecer a Deus e dele fazer experiência através de Jesus Cristo, são encorajados a caminhar na direção de uma teologia pluralista das religiões. Esse encorajamento vem-lhes de duas características do Deus cristão: ele é mistério e trinitário. De um lado, a consciência histórica coloca-nos em alerta sobre o fato de que o conhecimento humano é limitado, isto é, que cada compreensão da verdade é intrinsecamente finita e condicionada e, de outro lado, que a realidade divina é ilimitada, isto é, nossa experiência religiosa ensina-nos que a realidade divina é, por sua própria natureza, sempre mais do que qualquer compreensão humana, ou mais do que tudo o que uma religião poderia exprimir. De fato, isso pertence a toda experiência religiosa autêntica: o paradoxo de que meu encontro particular e histórico com Deus seja às vezes misterioso, seja às vezes real; às vezes ambíguo e às vezes confiável. Mesmo os místicos e os pensadores da tradição cristã (tanto antigos como contemporâneos) reconheceram Deus como "mistério total" (*utter Mystery*).

Knitter antecipa uma questão a ser colocada por cristãos que se sentem tocados pela afirmação que acaba de fazer. Ele formula a questão assim: esse mistério de Deus não foi revelado precisamente na Encarnação? Respondendo sem hesitação que o mistério foi revelado em Jesus, certamente, mas não foi suprimido ou determinado, Knitter comenta:

> Suspeito que o discurso cristão sobre a Encarnação como "Deus em forma humana" ou a "plenitude" do mistério num ser histórico tende a violar o sentido da Encarnação em vez de preservá-lo. Dizer que tudo o que pertence à pessoa de Jesus é divinizado não significa que tudo o que pertence à divindade seja humanizado. Ou, exprimindo positivamente, dizer que a divindade encarnou-se em Jesus significa que Deus tomou sobre si tudo o que constitui o ser humano – e isso supõe ser situado, particularizado e limitado. Se Jesus, enquanto Encarnação da Segunda Pessoa, define o que é Deus, ele

não limita (aquele) que é Deus. Não aceitar as limitações da Encarnação é cair, implicitamente, mas certamente, numa forma de docetismo – heresia que sublinhou tanto a divindade de Jesus que danificou e desnaturou sua humanidade. Com efeito, compreender e aceitar verdadeiramente a realidade da Encarnação em Jesus é reconhecer que Deus não pode ser limitado a Jesus; a divindade, mesmo se verdadeiramente disponível (*sic*) em Jesus, deve ser encontrada para além de Jesus.[17]

Então, se se compreende Deus como "Mistério absoluto", acrescenta Knitter, é preciso reconhecer que nenhuma religião e nenhuma revelação podem ser a única, a final, exclusiva ou inclusiva da Palavra de Deus, pois tal Palavra poderia limitar ou desmitificar Deus. Em suma: seria idolatria. Aceitar que o Mistério não possa ser possuído por nenhuma religião, revelação ou salvador torna-se ainda mais imperativo se considerar, como muitos pluralistas cristãos o fazem, que esse Mistério não é simples, mas plural. Isso é verdade no domínio da teologia trinitária, seja *ad intra*, seja *ad extra*. Deus necessita da pluralidade para ser Deus.[18]

Em "Can Our 'One and Only' also Be a 'One among Many'?", Knitter já tinha antecipado uma consideração sobre o Mistério, colocando-o em relação à noção do paradoxo da Encarnação:

> Sem fazer uma lista das "provas textuais" (*proof-texts*), espero que, mesmo se a maioria dos cristãos estiver de acordo que a Bíblia sublinhe que Deus se revelou "inteiramente" em Cristo Jesus, nós jamais deveríamos pensar que já tenhamos compreendido a plenitude do que Deus é. Esse é o paradoxo da Encarnação que tentei levar a sério no meu ensaio [...]. Insistindo sobre a "incomparável autoridade" de Jesus e sobre a "finalidade escatológica", temo que meus críticos estejam na iminência de perder o ingrediente essencial do paradoxo de toda a crença cristã: em Jesus Deus se revelou inteiramente e, no entanto, há mais para acontecer; em Jesus o Reino de Deus é "já", mas, ao mesmo tempo, "ainda não". Gostaria de lembrar, então, que Deus não se revelou inteiramente em *nenhum lugar*. Dizer que Deus se

---

[17] Ibid., p. 37.
[18] Ibid., p. 38.

revelou inteiramente em algum lugar é abrir a porta para a idolatria. Penso que um olhar sobre a história da Igreja mostrará como isso funciona.[19]

Em *Introducing Theology of Religions*, o último livro de Knitter, quando apresenta "o modelo do cumprimento"[20] e trata da validade e da necessidade das "normas absolutas" e das "verdades últimas", assegura que parece impossível pensar em tais normas ou verdades se se considerar a consciência Pós-Moderna, que afirma que toda verdade é limitada, pois é condicionada ou socialmente construída. Nesse quadro ele acrescenta que

> mesmo os teólogos contemporâneos admitem isso em relação a Jesus. Se o Divino se encarna verdadeiramente na história de um ser humano particular, isso significa que o Divino se limita a si mesmo. Encarnação significa limitação. São Paulo chamou isso de "esvaziamento" (*kénosis*).[21]

Esse texto e outros já citados exprimem bem a compreensão que Knitter possui da Encarnação. Mas essa compreensão, mesmo se de um lado sublinhe a abissalidade do Mistério de Deus, de outro lado é congruente com a fé cristã na Encarnação? No momento, é uma questão a reter, à qual podemos responder somente depois de ter considerado outros elementos que fazem parte do projeto teológico do autor.

Ora, vê-se claramente que o teólogo tomou uma dificuldade fundamental para a teologia das religiões: o desafio de "compreender a particularidade de Jesus". A questão de compreender como Jesus salva, ou melhor, como ele transforma nossas vidas com a paz e o poder da presença de Deus[22] permanece. Knitter convida-nos a procurar uma resposta para tal questão.

---

[19] Id., Can Our "One and Only" also Be a "One among Many", p. 148. Os itálicos são nossos.

[20] Neste livro Knitter faz uma tipologia das teologias das religiões segundo quatro modelos: *Replacement Model, Fulfillment Model, Mutuality Model* e *Acceptance Model*. Antes, Paul Knitter tinha proposto outras tipologias em *No Other Name?...* (1985): o modelo evangélico conservador, o modelo protestante cristocêntrico, o modelo católico aberto e o modelo teocêntrico. Também em: La théologie catholique à la croisée des chemins. *Concilium* 203 (1986) 129-138: o Cristo contra as religiões, o Cristo nas religiões, o Cristo sobre as religiões, o Cristo com as religiões e em companhia de outras figuras religiosas e o Cristo no meio das religiões.

[21] KNITTER, *Introducing Theology of Religions*, p. 104.

[22] Ibid., p. 105.

Mais adiante, quando escreve sobre os que são considerados parte do "ponto histórico-filosófico" em teologia das religiões, cita John Hick. Segundo Knitter, "Hick não convida os cristãos a abandonar o modo tradicional de falar de Jesus; quer somente que eles possam compreender que tipo de linguagem utilizam".[23] Naturalmente, acrescenta, não se trata de uma linguagem científica, mas de uma linguagem poética que trabalha com símbolos e metáforas. Em suma: é a linguagem que Jesus utilizou no Novo Testamento, a saber: Messias, Salvador, Palavra de Deus, Filho do Homem, Bom Pastor e especialmente Filho de Deus. Segundo Knitter, Hick e seus companheiros queriam ajudar os cristãos, baseando-se em pesquisas neotestamentárias e na experiência cristã em si mesma, a afirmar "o eminente estatuto de Jesus sem diminuí-lo em relação a outros líderes religiosos".[24] Imediatamente ele nos oferece uma explicação:

> Um dos símbolos centrais, embora certamente não o mais antigo, que os primeiros discípulos (*followers*) de Jesus adotaram, girava ao redor da Encarnação: Jesus era a Palavra de Deus encarnada, o Filho de Deus. Para compreender como isso aconteceu e o que significa, Hick assinala que há um consenso geral entre os biblistas sobre o fato de que Jesus jamais falou dessa maneira. Ele jamais chamou a si mesmo Filho de Deus. Trata-se de um título dado por seus discípulos seguindo as fortes experiências que tiveram durante a vida de Jesus e especialmente depois de sua morte. Tentando dizer quem era – e ainda é – esse homem para ter preenchido suas vidas da presença e do poder de Deus, eles mudaram a imagem do "Filho de Deus", um título frequentemente utilizado na tradição judaica para designar uma pessoa extraordinariamente próxima a Deus e utilizada (*sic*) por Deus. Isso indicava um caráter especial e não uma exclusividade.[25]

Com a passagem da comunidade cristã primitiva ao mundo greco-romano, a imagem de Filho de Deus ficou restrita às noções de Encarnação e de única deificação. É precisamente, escreve Knitter, o caso do Evangelho de João, onde está desenhado um quadro muito bonito, mas muito grego, de

---

[23] Ibid., p. 119.
[24] Ibid.
[25] Ibid., p. 120.

"Jesus como Palavra de Deus encarnada num ser humano".[26] Nesse contexto ele nos lembra a conclusão à qual Hick chega em seu artigo "Jesus and the World Religions":

> O sentido literal, racional e talvez ingênuo no qual a Encarnação e o título de Filho de Deus são entendidos hoje produzem não somente problemas filosóficos insolúveis para muitas pessoas (como duas naturezas podem existir em uma pessoa, como afirma o Concílio de Calcedônia?), mas, ao mesmo tempo, cria uma linguagem sobre Jesus do tipo "um e único" bloqueador do diálogo e ofensivo aos outros crentes.[27]

Knitter conclui dizendo que

> a solução de Hick não consiste em abandonar a crença na Encarnação, tampouco em Jesus como o Filho de Deus, mas em tomar essas crenças tais como são: poesia, simbolismo e metáfora. E isso significa que nós compreendemos esses credos centrais do Cristianismo *não literalmente, mas seriamente*.[28]

O universal e o particular

No domínio da Bíblia, escreve Knitter, é possível encontrar encorajamentos e caminhos para fundar uma "teologia correlacional das religiões".[29] Ele afirma isso reconhecendo que a Bíblia, na sua origem, não levava a esse novo modo de considerar as outras crenças. De fato, na Bíblia há uma tensão criativa entre o universal e o particular.[30] Uma das características das religiões abraâmicas é precisamente fundar suas identidades

---

[26] Ibid.
[27] Ibid., p. 121.
[28] Ibid.
[29] O teólogo norte-americano propunha em publicações anteriores, como *No Other Name?*, uma "teologia pluralista das religiões". Depois de ter considerado certas críticas que recebeu, propõe, doravante, uma "teologia correlacional das religiões", mesmo se ele se considera como um teólogo pluralista. Ver: KNITTER, Can Our "One and Only" also Be a "One among Many"?, p. 154.
[30] Id., *Jesus and the Other Names...*, p. 40-41.

referindo-se a acontecimentos particulares ou a pessoas. Eis como Knitter compreende isso:

> Deus escolheu um povo concreto para levar o plano divino a todas as nações. O mesmo Deus assume uma carne num ser humano particular para levar a salvação a todos; e depois esse Deus encontra uma voz na interpretação de um comerciante árabe particular e de um livro sagrado, resultante de suas visões para fazer de todos os povos uma comunidade. Se a particularidade concreta do povo de Israel, da pessoa e mensagem de Jesus, da visão e da beleza do Alcorão se perde, a identidade e o poder de transformação dessas religiões se perdem também. Essas particularidades históricas, pessoas e acontecimentos têm uma importância capital. Elas não podem ser perdidas ou diluídas num grande esquema.[31]

O Deus revelado em Jesus é o Deus que está no mundo desde seu início, criando, salvando e atraindo para si todas as coisas. Essa presença universal é precisamente o que se torna claro e age no Jesus particular. O amor divino e a justiça transformadora, que se tornam muito poderosos e presentes em Jesus, não podem ser contidos ou limitados por Jesus. A automanifestação de Deus é atuante na história. Por isso, nesse sentido, é preciso estar atentos para "não subsumir o particular no universal", mas, igualmente, acrescenta Knitter, "devemos temer a limitação e o obscurecimento do universal dando excessiva ênfase ao particular".[32] Ao longo de toda a história, os cristãos obscureceram o amor divino universal e sua presença porque centraram a atenção sobre a particularidade de Jesus, de tal modo que perderam de vista o Deus universal que Jesus revelou. Mas hoje temos a oportunidade histórica de corrigir tal desequilíbrio. Nesse sentido Knitter propõe:

> A tarefa de um modelo correlacional é esboçada nesta obra: explorar os modos nos quais a particularidade da pessoa e da obra de Jesus possam ser conduzidas a uma relação frutuosa e mútua, aumentada com a universalidade do amor de Deus e da oferta da graça. Experimentar esse modelo não significa desarticular ou ressituar o valor único de Jesus, mas compreendê-lo

---
[31] Ibid.
[32] Ibid.

de uma maneira na qual os cristãos sejam realmente abertos ao Deus que está presente para além de Jesus. Essa presença de Deus no mundo e nas outras religiões será tal que os cristãos deverão frequentemente clarificá-la e talvez retificá-la, e também ela os surpreenderá e lhes ensinará novas maravilhas. Eu busco uma compreensão da particularidade de Jesus que permita aos cristãos ir adiante para encontrar as outras religiões com alguma coisa a dizer e com alguma coisa a aprender.[33]

Para realizar essa tarefa, o autor diz-nos abertamente ter preferência, entre os teólogos pluralistas, com quem ele mesmo se identifica, por uma cristologia do *Logos*-Sabedoria de João, mais do que por uma cristologia de Páscoa de Paulo. Por exemplo: ele nos diz que o Prólogo de João começa com o que Deus realizou desde o princípio e em todo lugar. Nele Jesus é apresentado como uma manifestação concreta, e normativa dessa presença e atividade universal de Deus através do *Logos*. Esse *Logos* encarnado (*enfleshed*) em Jesus é encontrado pelos cristãos, mas esse mesmo *Logos* continua a ser encontrado em outros lugares no mundo.[34]

Apoiando-se em Schillebeeckx, Knitter afirma que a cristologia de Páscoa identifica o ministério histórico, a morte e ressurreição de Jesus como ponto de partida do que Deus quer fazer universalmente. Essa cristologia considera como *constitutivo* o amor divino presente desde o princípio e que é a origem e a causa do próprio Jesus, enquanto a cristologia da Sabedoria considera Jesus como *representativo* do amor divino, que existe desde o princípio e que é origem e a causa do próprio Jesus. É justamente o que Schubert Odgen propõe em sua cristologia, na qual Knitter se reconhece. O teólogo de Cincinnati crê, assim, que uma cristologia do *Logos* ou da Sabedoria pode abrir caminho para o diálogo inter-religioso porque ela situa a particularidade de Jesus na universalidade da autorrevelação de Deus, mais do que situar esta última na particularidade do Jesus histórico. Isso permite afirmar que o que acontece em Jesus não aconteceu *somente* nele. Ora, quando se leem as Escrituras no quadro do que é a particularidade de Jesus, hoje, não se pode menosprezar o que parece

---

[33] Ibid., p. 41-42.
[34] Ibid., p. 42.

um princípio hermenêutico justo e bem estabelecido para a cristologia do Novo Testamento: os títulos e as imagens atribuídas a Jesus pela Igreja antiga são mais bem compreendidos como expressões literárias simbólicas do que como tentativas literárias definitivas de dizer quem foi Jesus para eles.[35]

Para Knitter, o apelo de J. Hick para compreender a Encarnação como um mito deve ser inscrito justamente nesse quadro. Em resumo, as vantagens que uma leitura simbólica e literária da cristologia do Novo Testamento podem oferecer aos cristãos são claras: a possibilidade de entrar no diálogo inter-religioso com evidentes solicitações sobre o que Deus fez em Jesus, sem, no entanto, ter de sublinhar que ele fez *somente* em Jesus. Logo a seguir Knitter declara abertamente: "Proclamando firmemente Jesus como Filho encarnado ou Messias, eles [os cristãos] estão abertos também à possibilidade, em relação aos outros, de que haja outros filhos e filhas que encarnaram a graça de Deus e a verdade".[36]

Dando-se conta da gravidade dessa afirmação, imediatamente ele põe a si mesmo a questão: que fazer da "indelével linguagem exclusiva que as antigas Igrejas utilizaram para definir a importância particular de Jesus para todos os povos?". Knitter lembra-se de textos como o de At 4,12, assegurando firmemente que ele quer levar a sério esse tipo de linguagem. Ora, ele sugere que, dada a falta de consciência histórica na comunidade primitiva, seu estatuto minoritário e sua mentalidade apocalíptica, essa linguagem absolutista deve ser considerada como parte do ambiente historicamente condicionado no qual uma comunidade queria assegurar sua mensagem central sobre Jesus. Em resumo, em tais circunstâncias históricas, anunciar que Deus agiu *realmente* em Jesus significa afirmar que Deus agiu *somente* em Jesus.[37]

Knitter lembra-nos a reivindicação dos teólogos que querem sustentar uma cristologia inclusivista: "Uma compreensão de Jesus como manifestação final, completa, e insuperável de Deus não impede um real diálogo"[38]

---

[35] Ibid., p. 43.
[36] Ibid.
[37] Ibid.
[38] Ibid., p. 61.

com outras religiões ou crenças. Mas, para ele, esses teólogos não puderam jamais explicar "como" isso é possível:

> Como posso escutar realmente suas verdadeiras reivindicações, como posso estar pronto para admitir que me equivocasse e que preciso ser corrigido, se creio que Deus me deu (sem mérito de minha parte) a revelação conclusiva, insuperável e autossuficiente da verdade divina?[39]

Mas mudar minha posição, ele nos diz, não seria trair a revelação que Deus me fez? Segundo Knitter, esses anúncios tradicionais sobre Jesus, de que ele é a revelação final, completa e insuperável, devem ser considerados, no mínimo, como perigosos no diálogo. Isso implica, a seus olhos, como já dissemos anteriormente, uma cristologia revisada, correlacional e globalmente responsável.

Ora, essa tarefa supõe, assim, explorar a possibilidade de permanecer fiel ao testemunho do Novo Testamento sobre Jesus e à recepção desse testemunho ao longo dos séculos pelas Igrejas. Mais adiante ele nos diz que a teologia cristã possui duas fontes: a compreensão historicamente condicionada do fato cristão (as Escrituras e a Tradição) e a compreensão historicamente condicionada de nosso próprio mundo.[40] Esses são dois princípios com um papel central para fazer hermenêutica, sobretudo sobre a linguagem neotestamentária a propósito de Jesus. Consequentemente, ele proporá critérios para empreender tal tarefa e, ao mesmo tempo, mostrará os traços de uma compreensão revisada da unicidade de Jesus.

Em geral, a fidelidade não é algo "que se possui", mas algo "que se vive e que se pratica". Significa que é necessário situar a fidelidade e a fé mais no domínio do "ser" e do "viver" do que no domínio do "ter" ou da "afirmação". Nesse sentido, uma fé fiel não pode somente ser fundada na Bíblia como tal. A fé é primeiramente uma questão de viver e agir. Eis um primeiro critério para empreender a tarefa que Knitter propõe. Esse critério deve ser compreendido na linha da ideia segundo a qual a ortodoxia está fundada na ortopráxis. Knitter extrai esse critério da teologia da libertação.

---

[39] Ibid., p. 62.
[40] Ibid., p. 64.

A prioridade é dada ao agir, e não à doutrina. Nessa direção, ele tentou desde suas primeiras publicações fazer a ligação entre a teologia da libertação e a teologia das religiões. Um exemplo eloquente dessa vontade é seu artigo "Toward a Liberation Theology of Religions".[41]

Ora, quando se pensa na linguagem neotestamentária sobre Jesus, pode-se descobrir que tal linguagem pode ao mesmo tempo inspirar-nos e desencorajar-nos. É o caso dos títulos atribuídos a Jesus, tais como Filho de Deus, Salvador e Palavra de Deus. Esses títulos podem dar a impressão de situar Jesus numa "categoria separada", como "superior" aos outros fundadores e líderes religiosos. Igualmente, se se lê versículos como Mt 11,27; 1Cor 8,6; Jo 1,14; 1,18; 1Tm 2,5; Hb 9,12 e At 4,12, pode-se perceber que todos eles sublinham certos adjetivos e advérbios (só, somente, um etc.) que podem parecer excluir todos os outros fundadores e líderes religiosos. Então, se essa linguagem do Novo Testamento era vista como se não tratasse senão de proposições ortodoxas, arriscaríamos, previne-nos Knitter, esquecer que ela também contém confissões de fé que foram se formando para nutrir a prática da fé e de uma vida de seguimento de Jesus.[42] De fato, a vida dos discípulos "foi tocada e transformada por esse Jesus; apesar de sua morte, eles se sentiram numa relação viva e animada por ele; devotaram-se inteiramente a ele, apaixonados por ele. E eles falavam a linguagem dos apaixonados – tu és único e somente meu".[43] Ora, se se toma essa linguagem de amor ou essas declarações confessionais como puramente asserções doutrinais, utilizando-a para excluir os outros, mais do que para proclamar o poder salvador de Jesus, Knitter teme que estivessem na iminência de abusar desses textos. Em suma: não seríamos fiéis ao testemunho do Novo Testamento, pois ser fiel a toda essa linguagem que só aparentemente soa exclusivista é colocar-se no seguimento de Jesus sem excluir os outros. A

---

[41] Toward a Liberation Theology of Religions. In: HICK, J.; KNITTER, P. (dir.). *The Myth of Christian Uniqueness. Toward a Pluralistic Theology of Religions.* 5. ed. New York: Orbis Books, 1987. p. 178-200. Neste artigo Knitter postula a fecundidade do diálogo entre a teologia da libertação e a teologia das religiões, do mesmo modo que já tinha sido feito no seu artigo "La théologie catholique à la croisée des chemins" (*Concilium* 203 [1986] 129): "Concluo sugerindo que os teólogos católicos das religiões adotem a metodologia da teologia da libertação. O que precisamos, penso, é uma teologia da libertação das religiões".

[42] KNITTER, *Jesus and the Other Names...*, p. 67.

[43] Ibid., p. 68.

fidelidade às confissões do Novo Testamento a respeito de Jesus é essencialmente uma questão do agir com e como Jesus, e não de colocá-lo acima de todos os outros. Nesse sentido "não importa que uma eventual exclusão dos outros aconteça como consequência necessária do seguimento de Jesus e não como um pressuposto para seu seguimento".[44]

Quando o Novo Testamento diz que "não há outro nome", seria necessário compreendê-lo como uma declaração positiva sob forma negativa. O que essa declaração quer sublinhar é o "poder salvador" operado pela mediação do nome de Jesus, e não pela exclusividade do nome. Quando se pensa no diálogo, se for possível achar que esse "poder de libertação" é experimentado por outros "nomes", seria o sinal de que o Espírito que agiu convida-nos a sermos abertos a eles.[45] Nesse quadro Knitter assegura que os teólogos "correlacionais", como os chama atualmente, sustentam que é possível afirmar uma diversidade religiosa sem, no entanto, cair num sincretismo indevido ou na tolerância preguiçosa. Ao contrário, o pluralismo religioso e o diálogo podem ser importantes para trabalhar na direção da justiça eco-humana que está no coração do Reino de Jesus.

Encarnado "verdadeiramente", mas não "somente"...?

Knitter se pergunta ainda uma vez, mas de modo mais preciso, se os cristãos podem compreender a unicidade de Jesus de tal modo a permanecerem numa relação de fidelidade ao testemunho cristão, continuando verdadeiramente abertos a uma conversação e a uma cooperação autêntica com as pessoas de outras crenças. Para dar uma resposta a essa urgente questão, ele tenta qualificar quais são, a seu ver, as características da unicidade de Jesus.

O que o teólogo procura descrever é o modo com que os cristãos "fazem experiência" da unicidade de Jesus, na qual "percebem" o seu caráter especial. A sugestão de Knitter:

---

[44] Ibid., p. 69.
[45] Ibid., p. 70.

Os cristãos podem e devem afirmar em suas próprias comunidades e diante do mundo que todas as maravilhosas coisas ditas por Jesus no Novo Testamento o mostram *verdadeiramente*, mas não *somente*. "Verdadeiramente" é um elemento principal na experiência de Jesus que os cristãos têm na sua fidelidade a ele; "somente", sugiro, não é necessário e para muitos cristãos, de fato, pode até mesmo não ser possível.[46]

Nesse contexto, precisa o autor, mesmo quando uma pessoa sabe que Jesus é o "verdadeiro salvador" ela não sabe que é "o único salvador", pois nossa experiência é limitada e não foi possível fazer a experiência e receber a mensagem de todos os outros salvadores, ou de todas as outras grandes figuras religiosas.

Ora, no conjunto da Encarnação, quando se pensa na distinção entre "verdadeiramente" e "somente", e na eventualidade de que os cristãos levem a sério a possibilidade de Jesus não ser a única manifestação do Divino e a única Encarnação salvadora (*saving embodiment*) da verdade e da graça de Deus, é necessário, então, qualificar ou revisar três adjetivos que a tradição atribuiu à revelação de Deus em Jesus: plena, definitiva e insuperável.

Retirar tais termos da proclamação cristã de Jesus é, para o teólogo, "não somente admissível, mas até mesmo necessário para outras coisas que os cristãos dizem crer sobre Deus e sobre a Encarnação divina em Jesus".[47] Consequentemente, os cristãos não possuem a plenitude da revelação divina em Jesus e não esgotam toda a verdade que Deus revela. Essa asserção está fundada sobre duas convicções, uma teológica e outra bíblica. Do ponto de vista teológico, pode-se reconhecer que na tradição cristã não existe nenhum meio finito que esgote a totalidade do infinito, pois qualquer identificação do infinito com o finito está interditada. Seria dizer que é conter ou limitar o divino numa forma ou por meios humanos, o que, em linguagem bíblica, seria afirmar "a idolatria". Desse modo, Knitter põe a seguinte questão:

---

[46] Ibid., p. 72.
[47] Ibid., p. 73.

"Mas, se tal coisa é idolatria, a crença cristã na Encarnação do divino no homem Jesus não seria idolátrica?".[48]

A essa questão ele responde pela negativa, à condição de se admitir que a Encarnação signifique que a divindade tenha assumido a totalidade da humanidade e não que a humanidade tenha tomado a totalidade da divindade. Nesse sentido ele assegura ainda que se os cristãos querem afirmar que o Divino *"verdadeiramente* se fez carne" em Jesus, eles não podem ao mesmo tempo sustentar que o divino se fez carne *"absolutamente* ou *totalmente"* em Jesus. Portanto, a carne não pode ser entendida como continente total do divino.

Do ponto de vista bíblico, mesmo se Jesus tenha sido associado ao ser de Deus e ao seu agir, ele não é identificado com Deus. O texto de Cl 2,9 – "Pois nele habita corporalmente toda a plenitude da divindade" – não poderá ser interpretado como se toda a plenitude da divindade estava restrita ou esgotada em Jesus, pois nenhum corpo humano ou alguma natureza humana poderiam limitar a infinidade do divino. Assim, Knitter convida-nos a não destruir o paradoxo que comporta esse tipo de texto: "A plenitude está realmente lá, mas não somente lá; ou, melhor ainda, em Jesus nós encontramos (*meet*) Deus totalmente, mas isso não quer dizer que nós retenhamos (*grasped*) a plenitude de Deus".[49]

Ora, mesmo a doutrina patrística primitiva do *Logos* divino, acrescenta ele, compreende a plenitude nesse sentido. Em outros termos, quando os primeiros teólogos cristãos tentaram captar a compreensão que João tinha da Encarnação (*enfleshment*) do *Logos*, eles já viam que o *Logos* não estava confinado em Jesus, pois o *Logos* estava agindo no mundo antes de Jesus e continua agindo depois dele. Para fundar essa afirmação, Knitter reenvia-nos a São Justino (I *Apologia*, 46, II *Apologia* 10, 13), a Clemente de Alexandria (*Stromata* 1, 13; 5, 87, 2º; *Protreptikos*, 6, 68, 2ss) e a Orígenes (*Commentarium in Ioannem*, I, 39). Ele conclui afirmando que os cristãos não podem anunciar que Jesus é a plenitude da Palavra ou da

---

[48] Ibid.
[49] Ibid., p. 74.

divindade simplesmente. Em suma: ele retoma a seu modo a célebre frase: Jesus é *totus Deo*; mas não se pode proclamar que Jesus é *totum Dei*.

Quanto à expressão "definitiva Palavra de Deus em Jesus", Knitter pensa que os cristãos não deveriam utilizá-la para vangloriar-se, como se não existissem outros nomes para a verdade divina fora de Jesus. Nesse domínio, toda reivindicação de caráter definitivo, acrescenta ele, equivale a dizer que não há novidade essencial fora de Jesus. Noutros termos, isso quer dizer que qualquer pessoa possui a verdade divina e que seu amor eterno e criativo foi colocado num receptáculo (o depósito da fé) no qual nada seria acrescentado. O problema que preocupa o teólogo é, de novo, o risco de desvio à idolatria. Nós poderíamos começar a esboçar um ídolo, afirma ele. Assim, com clareza, ele escreve que, "enquanto o Deus que Jesus revelou permanecer Deus, ninguém pode ter a Palavra final sobre esse Deus". Ora, consciente da dificuldade que seu discurso cria, Knitter sustenta:

> Alguns teólogos cristãos exprimiram seu medo ou preocupação de que, assim que colocarmos em questão o caráter definitivo ou exclusivo da Encarnação divina em Jesus, desmantelaríamos a crença cristã central na Trindade [...]. Ao contrário, penso que aprofundaremos e alargaremos tal crença.[50]

Como Knitter dá razão de tal afirmação? Simplesmente assegura que é preciso continuar a afirmar "a autenticidade e a credibilidade do poder da Palavra divina em Jesus" assegurando que "essa Palavra não pode estar restrita, isto é, que ela pode surpreender-nos e mostrar-nos muito mais". Então o teólogo de Cincinnati recorre a Tomás de Aquino, citando a *Suma teológica* IIIa, q.3, a.7, em cujo texto se põe a questão: "Uma só pessoa divina poderia assumir duas naturezas humanas?". De fato, trata-se do mesmo texto que John Hick utiliza para sustentar suas afirmações, esquecendo-se de dizer que, afinal, Tomás afirma que a pessoa do Verbo assumiu uma só natureza humana.[51]

Igualmente, quando se trata do termo "insuperável" aplicado à Palavra salvadora de Deus em Jesus, o teólogo precisa que se trataria também da

---

[50] Ibid.
[51] Mais adiante, na nossa conversa crítica com Knitter, vamos retomar esse ponto que nos parece fundamental.

edificação de um ídolo. O que equivale a dizer que Deus não poderia revelar mais sua plenitude por outros modos e em outros tempos, e até equivaleria a fazer o papel do Espírito de quem Jesus fala no Evangelho de João como aquele que nos conduzirá à verdade completa (Jo 16,12-13).

Em suma: segundo Knitter, é suficiente proclamar "Jesus como verdadeiramente presença salvadora de Deus na história". Não haveria problema, portanto, em proclamar que Jesus é a "única" presença salvadora de Deus na história. O autor utiliza a seguinte fórmula: "Os cristãos devem anunciar Jesus a todos os povos como manifestação universal, decisiva da verdade e da graça salvadora de Deus".[52] Mas cada um desses adjetivos recebe uma significação particular e adaptada a seu propósito...

Inicialmente, a manifestação de Jesus é "universal", mas é preciso saber os limites e os condicionamentos da apreensão da verdade, não obstante a exigência de universalidade do Evangelho. É necessário, portanto, reconhecer que a compreensão da realidade é sempre limitada e condicionada. Seria isso, para Knitter, respeitar a maneira pela qual a verdade é experimentada. Daí que a verdade será universal se ela for reconhecida e "apreciada" por todos. Há, aí, uma dificuldade de tradução da verdade em outros contextos. Ele cita, para ilustrar analogicamente seu argumento, a discussão contemporânea sobre a noção dos "clássicos" (*classics*) formulada especialmente por David Tracy: um clássico é reconhecido como tal por todos, embora ele seja mais bem apreciado em seu contexto de origem.

Em seguida, a manifestação de Jesus é "decisiva", mas no sentido de que cada um deve "decidir" diante do apelo para mudar de perspectiva e de comportamento. Isso significa também que, se Jesus é "decisivo", ele é também "normativo", mesmo que seja necessário perguntar se ele é, ou melhor, pode ser, a única norma.[53] Em outros termos, a manifestação é "decisiva, mas não final e insuperável".[54] Knitter apoia-se na consideração de Roger Haight: "Se muitos cristãos podem imaginar que Deus poderia ter mais a revelar à humanidade além do que é conhecido em Jesus, eles não podem

---

[52] KNITTER, *Jesus and the Other Names*..., p. 76.
[53] Ibid., p. 171, nota 13.
[54] Ibid., p. 77.

imaginar que tal revelação contradiria os elementos centrais da verdade que eles encontraram em Jesus". Enfim, Knitter conclui esse ponto afirmando que a mensagem "normativa" de Jesus não exclui necessariamente as outras mensagens. Naturalmente, a mensagem é normativa, mas, como fizemos notar, para o teólogo permanece a afirmação de que não há uma só norma, ou, em todo caso, uma norma que excluiria as outras.

Finalmente, a manifestação de Jesus é "indispensável" no sentido de que a "mensagem de Jesus é necessária para que se tenha uma completa compreensão da condição humana". Mas é preciso notar que para Knitter há também outras mensagens indispensáveis ao lado da mensagem de Jesus, que é "uma" entre outras e não é absolutamente "a" mensagem. Em resumo:

> Se nós não sublinhamos mais que Jesus é a única palavra salvífica de Deus, estamos, então, abertos à possibilidade – nossa crença cristã na revelação sugeriria uma probabilidade – de que há *outras* manifestações universais, decisivas e indispensáveis da realidade divina além daquela de Jesus.[55]

Nessa situação, ao invés de uma "unicidade solitária", Knitter propõe uma "unicidade relacional", no sentido de que "Jesus é uma Palavra que pode somente ser compreendida em conversações com outras Palavras". Isso é verdade, acrescenta ele, em relação à Trindade em si mesma: Deus aparece como quem se autocomunica. Em nível de finito, a Palavra divina deve exprimir-se por palavras. Consequentemente, "o *Logos*, encarnando-se (*enfleshed*) na história, deverá ser *logoi spermatikoi* – as múltiplas palavras-semente jogadas no campo da história".[56]

Para o teólogo, a unicidade relacional é o que William Thompson chamou de "unicidade complementar", isto é, não há que afirmar somente a unicidade de cada religião, mas também a necessidade de complementaridade entre as religiões, pois, se o divino limitou-se *kenoticamente* e revelou-se a si mesmo no necessariamente limitado, isso exige uma complementaridade. Contudo, Knitter prefere falar de unicidade relacional, pois tal expressão sublinha mais o aspecto paradoxal da relação: "Fazer a experiência

---

[55] Ibid., p. 79.
[56] Ibid., p. 80.

de que Jesus nos possibilita conhecer a 'plenitude' da verdade é, ao mesmo tempo, ser consciente de que não conhecemos o que a plenitude contém".

Uma conversa com Paul Knitter: algumas questões

Sem dúvida, a reinterpretação de Knitter é indulgente. Ele mesmo afirma que, depois de ter sido estimulado pelas críticas às suas cinco proposições, espera que a discussão sobre a unicidade de Jesus tenha progredido.[57] É necessário, porém, esforçar-se para bem entender o que ele propõe, identificando as dificuldades inerentes a tal reinterpretação.

Paul Knitter, como vimos, sublinha o fato de que Jesus não falou de si mesmo como Encarnação do Verbo de Deus. Antes, Jesus pregou a libertação pela vinda do Reino de Deus. Com isso, Knitter queria combinar a teologia das religiões e a teologia da libertação. De fato, combinar essas duas teologias é, seguramente, uma ocasião para a reflexão contemporânea no domínio da teologia das religiões. É precisamente o que A. Pieris faz na sua cristologia da Aliança. Ademais, Knitter, para além de sua experiência na América Central, reconhece a inspiração em Pieris nesse domínio. Contudo, enquanto na teologia deste último distingue-se claramente sua ancoragem na tradição cristã, mesmo se ele a critica em tal ou tal ponto, deve-se perguntar se os resultados da teologia de Knitter fazem jus às exigências de uma teologia enraizada em tal tradição. Não é desconhecido que nas teologias da libertação latino-americana e asiática, e claramente na de Pieris, de forma alguma está oculta a fé em Deus encarnado.

Chamando a uma radical revisão da compreensão cristã tradicional de Jesus enquanto Encarnação do Verbo e enquanto único salvador do mundo, Paul Knitter aderiu a muitos aspectos de John Hick e a outros teólogos claramente pluralistas. O teólogo americano defende uma compreensão "reinocêntrica" de Jesus Cristo. Jesus pregou o Reino de Deus, enquanto a Igreja, tendo perdido de vista a visão teocêntrica do próprio Jesus, simplesmente anuncia Jesus. Hoje cabe aos cristãos recuperarem essa importante

---

[57] Ver: Can Our "One and Only" also Be a "One among Many", p. 145.

dimensão de sua fé para chegarem, assim, à confissão mais originária do Reino de Deus, que é libertador.

A reivindicação de Knitter de retornar ao Novo Testamento e à própria pregação de Jesus é completamente pertinente. Mas não se pode deixar de interrogar sobre a justeza de sua interpretação da mensagem neotestamentária: com a elaboração da doutrina da Encarnação, não houve uma distorção da mensagem original de Jesus presente no Novo Testamento? A fé em Jesus enquanto Cristo desviou-se da pregação originária do Reino de Deus que o próprio Jesus anunciou? Não é amplamente reconhecido pelos exegetas que o Reino de Deus vem em Jesus, em seus atos e suas palavras? Jesus não é reconhecido desde o tempo dos Padres da Igreja, claramente por Orígenes, como a *autobasileia tou Théou*? A vida, a morte e a ressurreição de Jesus não são acontecimentos nos quais o Reino de Deus se realiza e chega até nós? Se respondermos pela afirmativa, então a doutrina da Encarnação não pode ser senão uma séria interpretação da autocompreensão de Jesus. Certamente, a concepção de Jesus enquanto Encarnação do Verbo de Deus por seus seguidores necessitou refinar-se progressivamente. No entanto, não há nenhuma razão de peso para pensar que a fé na Encarnação não esteja em continuidade com a autocompreensão de Jesus. Seja como for, essa fé não está absolutamente em contradição com o que Jesus pregou: o Reino de Deus que chegou até nós em seus atos e palavras.

Consequentemente, não podemos participar da opinião de certos teólogos pluralistas que não querem ver na doutrina da Encarnação senão uma maneira mitológica para afirmar que Jesus é "indispensável" para os cristãos. Um estudo bíblico mostraria sem muito trabalho que a doutrina da Encarnação está profundamente enraizada no que veio a ser chamado Jesus da história. Ademais, a concepção da unicidade de Jesus está em completa coerência com a mensagem escatológica do próprio Jesus: o Reino de Deus já está acontecendo pelas próprias ações de Jesus.[58]

---

[58] Certamente que esta afirmação não é o questionamento da "tensão escatológica", a tensão entre o "já agora" e o "ainda não" do Reinado de Deus.

Uma ação universal do *Logos* sem a carne: Jacques Dupuis

Nascido na Bélgica em 1923 e falecido em Roma no dia 28 de dezembro de 2004, Jacques Dupuis[1] é um teólogo bem conhecido em vários países por suas numerosas publicações. Entrou na Companhia de Jesus em 1941, aos 18 anos. Logo após seus primeiros anos de formação, foi enviado à Índia, onde viveu de 1948 a 1984. Durante sua longa permanência na Índia, ensinou teologia no Instituto Vidyajyoti, de Delhi. Depois de ter deixado a Índia, foi enviado como professor à Universidade Gregoriana, onde residiu os últimos anos de sua vida como professor emérito. Foi diretor da revista *Gregorianum*.

À exceção de *Jésus-Christ à la rencontre des religions* (1989),[2] originalmente em francês, suas obras mais importantes foram redigidas em italiano ou inglês. *Homme de Dieu, Dieu des hommes. Introduction à la christologie* é uma introdução à cristologia.[3] Ele publicou *La rencontre du christianisme et des religions. De l'affrontement au dialogue*.[4] Essa obra, destinada a um público mais vasto, é uma versão simplificada de

---

[1] GENEST, J. Jacques Dupuis. In: GENEST, J. (dir.). *Penseurs et apôtres du XXe siècle*. Paris: Fides, 2001. p. 197-212.

[2] DUPUIS, J. *Jésus-Christ à la rencontre des religions*. Paris: Desclée, 1989. Alguns capítulos deste livro são a reprodução de artículos publicados anteriormente em revistas francesas.

[3] Id. *Homme de Dieu, Dieu des hommes. Introduction à la christologie*. Paris: Cerf, 1995. A edição italiana original é de 1993. Existe uma tradução brasileira: *Introdução à cristologia*. São Paulo: Loyola, 2007. O último capítulo apresenta uma seção cujo título é: "Jesus Cristo no debate sobre o pluralismo religioso". Nesse capítulo são apresentadas as grandes linhas do debate atual sobre a teologia cristã das religiões, p. 232-243. De outra parte, essas páginas são a retomada do capítulo IV de seu livro *Jésus-Christ à la rencontre des religions*.

[4] Id. *La rencontre du christianisme et des religions. De l'affrontement au dialogue*. Paris: Cerf, 2002. A edição original italiana é de 2001.

Vers une théologie chrétienne du pluralisme religieux,[5] obra que valeu sua reputação no domínio da teologia das religiões. Precedentemente, em 1967, publicou sua tese doutoral, intitulada *"L'Esprit de l'homme". Étude sur l'anthropologie religieuse d'Origène*.[6] Ademais, sua bibliografia contém um grande número de artigos.

A notoriedade de Dupuis no domínio da teologia das religiões está, entre outras coisas, ligada à intervenção da Congregação para a Doutrina da Fé, que empreendeu uma investigação sobre a ortodoxia de sua obra *Vers une théologie chrétienne du pluralisme religieux* depois de uma crítica publicada na revista *La Civiltà Cattolica* em 1998. O caso fez muito barulho no meio eclesiástico até chegar à mídia, sobretudo na revista *The Tablet*, que publicou, em março de 1999, um artigo do Cardeal Franz König dando seu apoio incondicional ao teólogo belgo-indiano.[7] Depois recebeu da Congregação da Doutrina da Fé umas "questões demandando esclarecimentos".[8] A partir desse momento ele ficou oficialmente sob investigação.

Em *Notificação* da Congregação da Doutrina da Fé, datada de 24 de janeiro de 2001, pode-se ler a conclusão à qual essa Congregação chegou a propósito da investigação sobre Dupuis:

> Os eminentes Padres reconheceram sua tentativa de permanecer dentro dos limites da ortodoxia, se esforçando para tratar de problemas inexplorados até aqui. Ao mesmo tempo, considerando a boa disposição para fornecer os esclarecimentos necessários manifestada em suas respostas, bem como sua vontade de permanecer fiel à doutrina da Igreja e ao ensinamento de seu Magistério, constataram que no livro estão contidas graves ambiguidades e dificuldades sobre pontos doutrinais importantes, que podem conduzir o leitor a opiniões errôneas ou perigosas. Esses pontos se referem à interpretação da mediação salvífica única e universal de Jesus Cristo, à unicidade

---

[5] Paris: Cerf, 1997. Existe tradução brasileira: *Rumo a uma teologia cristã do pluralismo religioso*. São Paulo: Paulinas, 1999.

[6] DUPUIS, J. *"L'Esprit de l'homme"*. Étude sur l'anthropologie religieuse d'Origène. Tournai: Desclée de Brouwer, 1967.

[7] Pouco tempo depois da sua chegada na Índia, Jacques Dupuis pediu a nacionalidade indiana.

[8] GENEST, Jacques Dupuis.

e à plenitude da Revelação no Cristo, à ação salvífica do Espírito Santo, à ordenação de todos os homens à Igreja, ao valor e à significação da função salvífica das religiões.

Mais adiante, na mesma *Notificação*, são desenvolvidos os pontos críticos[9] mencionados abaixo. No entanto, afirma-se que não se trata de um "julgamento sobre o pensamento subjetivo do autor", mas sim "de enunciar a doutrina da Igreja". De fato, cada um dos pontos assinalados é exposto numa linguagem que evoca muito bem uma declaração do Magistério. São aproximadamente os mesmos pontos desenvolvidos mais amplamente na declaração *Dominus Iesus*, de agosto de 2000, e que já tinham sido tratados num tom sereno no documento da Comissão Teológica Internacional *O cristianismo e as religiões* (1997).

Como fizemos em relação a Aloysius Pieris e Paul Knitter, examinaremos o pensamento de Jacques Dupuis a partir da questão cristológica, ou, mais precisamente ainda, a partir do papel da Encarnação na sua teologia.

À procura de uma teologia cristã das religiões

Em seu livro *Jésus-Christ à la rencontre des religions*, o autor formulou a seguinte questão: "Qual teologia cristã das religiões?".[10] Essa questão o levou, oito anos depois, à redação de sua obra maior: *Vers une théologie chrétienne du pluralisme religieux*. A procura de uma res-

---

[9] Visando à problemática de nosso livro, retemos aqui apenas os pontos dois e cinco: 2. Deve acreditar-se firmemente que Jesus de Nazaré, Filho de Maria e único Salvador do mundo, é o Filho e o Verbo do Pai. Pela unidade do plano divino de salvação centrado em Jesus Cristo, há que pensar também que a ação salvífica do Verbo atua em e por Jesus Cristo, Filho encarnado do Pai, como mediador da salvação de toda a humanidade. Por conseguinte, é contrário à fé católica não só afirmar uma separação entre o Verbo e Jesus, ou uma separação entre a ação salvífica do Verbo e a de Jesus, mas também defender a tese de uma ação salvífica do Verbo como tal na sua divindade, independentemente da humanidade do Verbo encarnado. 5. A fé da Igreja ensina que o Espírito Santo que atua depois da ressurreição de Jesus Cristo é sempre o Espírito de Cristo enviado pelo Pai, que age de maneira salvífica tanto nos cristãos como nos não cristãos. Por conseguinte, é contrário à fé católica pensar que a ação salvífica do Espírito Santo possa estender-se para além da única e universal economia salvífica do Verbo encarnado.

[10] Ver: DUPUIS, *Jésus-Christ à la rencontre des religions*, p. 117.

posta tornar-se-á, em nossa opinião, o *leitmotiv* de seu trabalho. Vejamos brevemente como ele problematiza esse tema.

Depois de ter excluído claramente, e com razão, a possibilidade de uma teologia numa perspectiva da salvação estreitamente eclesiocêntrica, o autor coloca o problema da pertinência de uma perspectiva cristológica para responder ao desafio do pluralismo religioso. Ele constata que "todos fazem a experiência do Mistério crístico, mas somente os cristãos são capazes de lhe dar seu nome". Com efeito, "o Cristo da fé é inseparável do Jesus da história, mas sua presença e sua ação não estão ligadas aos limites dos muros cristãos". Não obstante tal afirmação, Dupuis está ciente da dificuldade que permanece:

> Na medida em que o Mistério crístico está ligado ao Jesus da história, a fé em Cristo como centro traz consigo uma pretensão que pode parecer incongruente: atribuir uma significação universal a um acontecimento histórico particular! Condicionado essencialmente pelo tempo e pelo espaço, como o fato empírico de "Jesus de Nazaré" pode se revestir de uma importância universal no domínio das relações entre Deus e o homem?[11]

De fato, a questão da particularidade do acontecimento e seu valor universal sempre causou escândalo. O teólogo belga constata que esse escândalo "toma proporções novas e aparece em toda a sua amplitude no contexto do pluralismo das tradições religiosas e de uma teologia cristã das religiões. É o motivo pelo qual a questão do sentido do Cristo no plano divino interessa-nos aqui".[12] Ora, segundo ele, a intenção formal de Deus em Jesus Cristo seria inserir o dom que ele fez de si mesmo na humanidade. Trata-se da autocomunicação de Deus, da inserção pessoal do próprio Deus na humanidade e na história. Noutros termos, trata-se do "mistério da Encarnação do Filho de Deus em Jesus Cristo".[13]

Certamente, seria necessário ver os problemas que o plano de Deus em Jesus Cristo coloca, bem como os problemas que a própria economia da

---

[11] Ibid., p. 119.
[12] Ibid., p. 127.
[13] Ver: ibid., p. 129.

salvação suscita. Dupuis não negligencia de forma alguma essas questões, e formula o problema:

> Sem dúvida, a economia da Encarnação representa, da parte de Deus, o dom mais pleno de si mesmo à humanidade. Pode-se pensar que ela implique da parte de Deus o respeito mais profundo pela dignidade do homem, sem fazer sombra à sua liberdade. Não impede que, ademais, ela apareça escandalosa, tendenciosa e injusta no que ela faz depender o dom da salvação de um acontecimento histórico, necessariamente particular e pretensamente único! Encarnações múltiplas (possibilidade que Santo Tomás parece ter admitido) não teriam sido pelo menos desejáveis para preparar em parte a particularidade do acontecimento único? Mas, justamente, esse caminho parece não somente fechado no Novo Testamento – pense-se no "uma vez por todas" (*ephapax*) paulino e da Epístola aos Hebreus; do ponto de vista cristão ela não tem mesmo sentido, pois "por sua Encarnação o Filho de Deus se uniu, de alguma forma, a todo homem" (*GS*, n. 22) e a ele a humanidade inteira. Pelo acontecimento Jesus Cristo um laço foi atado entre Deus e a humanidade, laço doravante indissolúvel. O acontecimento não pode, portanto, ser repetido. O escândalo da particularidade do acontecimento que igualmente não desaparece no tempo e no espaço.[14]

Logo essa problemática receberá maior precisão da seguinte forma: "Uma perspectiva cristocêntrica de dimensão universal e cósmica [...] é capaz de relevar o desafio do contexto que se impõe hoje à reflexão teológica: proporções históricas e geográficas; pluralismo de culturas e tradições religiosas; encontro e diálogo inter-religioso?".[15]

Depois de ter apresentado sinteticamente o panorama do debate atual em teologia das religiões, Dupuis anuncia a intenção da segunda parte da obra que comentamos:

> Mostrar que a fé em Jesus Cristo é não fechada, mas aberta; não mesquinha, mas de dimensões cósmicas; e que a teologia das religiões da humanidade que ela funda estabelece, em escala cósmica, uma maravilhosa convergência

---

[14] Ibid., p. 131.
[15] Ibid., p. 133.

no mistério do Cristo tudo o que Deus e seu Espírito realizaram ou continuam a realizar na história da humanidade.[16]

Nessa segunda parte de *Jésus-Christ à la rencontre des religions* o autor consagra um capítulo à temática do "Cristo da fé" e do "Jesus histórico" no quadro da teologia das religiões. Encontra-se também nessa parte um capítulo consagrado à temática da "unicidade e da universalidade de Jesus Cristo". A conclusão do primeiro capítulo, da qual se fez menção, afirma: "Se é verdade que Jesus Cristo é Deus voltado para os homens em autorrevelação e dom de si, o encontro entre Deus e o homem faz-se obrigatoriamente nele". Com efeito, declara Dupuis, Jesus é "o caminho que conduz a ele [Deus]". Mas, se a humanidade de Jesus pertence à ordem dos sinais e dos símbolos, "ela ultrapassa essa ordem, fazendo parte do próprio mistério divino". É nessa humanidade que o homem encontra a Deus, pois "nele Deus se fez homem e história humana".[17]

Essa conclusão responde à questão que foi colocada precedentemente no mesmo capítulo: saber "se o mistério crístico está intimamente ligado à sua manifestação em Jesus de Nazaré, que eles estejam em tudo inseparáveis um do outro; se, portanto, o Jesus da história se encontra implicado e necessariamente em qualquer lugar onde o mistério crístico está presente e operativo".[18] Eis uma questão que se refere mais diretamente à nossa investigação. Ora, essa interrogação vem acompanhada da seguinte reserva: já que há vários modos de "dissociar as ligações entre o mistério de Jesus Cristo e o da salvação", seria necessário olhar com maior atenção certas posições teológicas que tendem, no caso, a afrouxar o laço entre o Jesus da história e o mistério crístico. Nesse caso, observa o autor com razão, "Jesus seria uma manifestação histórica dentre outras". De fato, como ele tinha antecipado em algumas linhas acima, é preciso considerar que "o acontecimento histórico em si mesmo em sua totalidade é posto em causa".[19] Nesse

---

[16] Ibid., p. 141.
[17] Ibid., p. 245.
[18] Ibid., p. 235.
[19] Ibid., p. 234.

mesmo capítulo várias páginas são consagradas a um debate com Raimon Panikkar. Nesse argumento Dupuis afirma com clareza:

> Pode-se, sem dúvida – e deve-se – seguindo o prólogo joanino, falar de uma ação do Verbo (*Logos*) no mundo e na história da salvação antes de sua Encarnação em Jesus Cristo. Pode-se até mesmo, seguindo São Paulo, chamar de "Cristo" essa pessoa preexistente e "pré-agente". Mas, nos dois casos, importa colocar essa ação antecipada do Verbo de Deus em relação com o mistério de Jesus Cristo, ao qual ele está orientado como em direção a seu fim, e no qual o mistério da salvação se cumpre.[20]

O teólogo aprofunda ainda mais e declara muito justamente que no plano divino é impensável "separar a ação antecipada do *Logos* do acontecimento Jesus Cristo no qual esse plano se cumpriu", pois "o *Logos* destinado a se encarnar e o *Logos* encarnado são uno e indivisível". Imediatamente, uma precisão é acrescentada: "Jesus Cristo, Verbo encarnado, permanece no centro do plano divino, o mistério de salvação". Não obstante a verdade dessa afirmação, Dupuis não descuida de frisar o problema que permanece: "O escândalo de Deus se fazendo história humana".[21] Ora, não se pode também pretender "adoçar" esse escândalo "afrouxando o laço entre o mistério e Jesus de Nazaré". Ao contrário, prossegue o autor, é preciso ver que

> Deus, inserindo-se pessoalmente na história dos homens, dá-lhe uma significação nova e uma densidade inaudita [...]. Pois, tendo-se encarnado uma vez por todas em Jesus de Nazaré, a existência humana de Deus é para todo tempo e lugar "sacramento do encontro" entre Deus e os homens.

No capítulo intitulado "Unicidade e universalidade de Jesus Cristo", Dupuis lembra-nos o outro modo de colocar em questão o laço entre o mistério de Jesus Cristo e o da salvação. Mesmo preservando esse laço, põe-se em questão a mediação obrigatória do mistério de Jesus Cristo para os membros de outras religiões. Dito de outra forma: trata-se de pensar o problema da unicidade e da universalidade de Jesus Cristo proclamado

---

[20] Ibid., p. 243.
[21] Ibid., p. 243-244.

como salvador. De fato, o que está em questão é a "unicidade ontológica" e não simplesmente a "unicidade relativa", nem a "unicidade epistemológica". O que está em causa é a "unicidade absoluta" que concebe Jesus Cristo como "constitutivo" da salvação, não somente dos cristãos, mas de todos os homens. Ademais, o autor faz notar com justeza que a unicidade que se convenceu chamar de "relacional" não responde satisfatoriamente à fé cristã tradicional.

Ora, se se quer fundamentar uma teologia das religiões aberta, é necessario ter juntas a "unicidade" de um lado e a "universalidade" de outro. Com efeito, seria necessário tentar não cair numa posição "exclusiva" nem numa posição "pluralista". Relembrando seus capítulos precedentes, o teólogo afirma que uma "cristologia pneumatológica" é a mais adequada para apresentar Jesus Cristo como único e universal. A propósito, ele pergunta: "A unicidade de Jesus Cristo e sua universalidade devem, final e necessariamente, repousar sobre o mistério de sua pessoa e sua identidade pessoal como Filho de Deus?".[22] Se a resposta for positiva, escreve ele, "somente uma 'alta' cristologia chegará a estabelecê-lo de modo seguro". Enquanto uma cristologia que ficar no domínio do "funcional" não o conseguirá. Fica claro, portanto, que "somente a identidade pessoal de Jesus Cristo como Filho único de Deus constitui um fundamento teológico suficiente para estabelecer a unicidade 'constitutiva' de Jesus Cristo como Salvador universal".[23] Do mesmo modo, uma "cristologia 'normativa' é restrita para responder ao caráter 'constitutivo' do mistério de Jesus Cristo na ordem da salvação".[24] Ademais, num desenvolvimento a respeito da "mediação universal" e salvífica de Jesus Cristo no Novo Testamento, Jacques Dupuis nota que se acusa São Paulo de ser responsável pela "afirmação clara" da unicidade de Jesus Cristo e São João de ter articulado essa unicidade em termos de Encarnação. Esse seria um "modo mítico de pensar", igualmente com o conceito de "preexistência". Então, se se segue até o fim esse raciocínio de teólogos como J. Hick, seria necessário "'demitologizar' o mito da Encar-

---

[22] Ibid., p. 249.
[23] Ibid., p. 255.
[24] Ibid., p. 266.

nação" e, subitamente, operar "a demitologização de Jesus Cristo, Salvador absoluto".[25] A propósito, o autor escreve:

> Acusar de pretensões superficiais as reflexões paulinas sobre a primazia absoluta de Jesus Cristo é, em si, fazer uma afirmação gratuita. Quanto a São João, é verdade ser ele o primeiro a pôr em ação o conceito de "Encarnação" para explicar o mistério de Jesus Cristo (Jo 1,14). O conceito da "preexistência", ao contrário, acontece antes dele (cf., *v.g., PL* 2, 6-11). É verdade também que os dois conceitos podem prestar-se a compreensões errôneas: a "preexistência" não é existência num tempo fictício que precederia o tempo; a "Encarnação" não diz que o ser divino torna-se existência humana. Não impede que a Encarnação do Filho de Deus implique realmente o tornar-se homem, na história, do Verbo, que, independentemente desse tornar-se homem, existe eternamente no mistério de Deus. Tal é o sentido literal de um termo que em nada permite ser reduzido a uma linguagem "mítica". O prólogo de São João, que formula o mistério da identidade pessoal de Jesus Cristo em termos de Encarnação do Verbo de Deus, é, certamente, o ponto culminante de uma longa reflexão da fé apostólica; não é menos o termo legítimo, conduzido pelo próprio dinamismo dessa fé. A cristologia funcional do primeiro querigma apostólico reclamava a cristologia ontológica do Filho-de-Deus-feito-homem.[26]

O autor lembra-nos de que o que se coloca em questão no conexto do pluralismo religioso é o "porquê" da pretensão cristã com respeito à unicidade de Jesus Cristo, e não a pretensão em si mesma.[27] Nesse sentido, é importante dizer que, se a afirmação de fé em Jesus Cristo Salvador é evidentemente de caráter doxológico, isso não nega seu caráter doutrinal nem se inscreve no exterior da verdade. Ademais, a acusação de "helenização" endereçada à fé cristã, principalmente na doutrina da unicidade e da divindade de Jesus Cristo, deve ser bem compreendida e precisada: "Se por 'helenização' compreende-se que o conteúdo da fé foi veiculado pela tradição em termos da cultura helênica e helenística, é verdade". Mas, "se, ao contrário, entende-se que a Tradição bíblica e pós-bíblica seguinte falsi-

---

[25] Ibid., p. 256.
[26] Ibid., p. 258.
[27] Ibid., p. 259.

ficaram o conteúdo da mensagem, confundindo-a com alguma especulação filosófica helenística, nada está mais distante da verdade".[28]

Nesse sentido o autor captou com precisão o problema de fundo da teologia cristã num ambiente de pluralismo religioso. É preciso considerar que a teologia cristã elabora-se no interior da própria fé cristã, por um lado e, por outro, toda tentativa de abrandar, ou de abandonar, ou a pretensão cristã de unicidade em Jesus Cristo, redundará no confinamento a uma "unicidade relativa". Por isso a fé na Encarnação do Filho de Deus está no centro da questão propriamente teológica. Se a crença cristã na Encarnação era a "transposição da mensagem de Jesus em linguagem mítica, operada pela tradição joanina e pós-bíblica sob influência do helenismo",[29] será necessário, então, "'demitologizar' Jesus Cristo, desembaraçado-o do 'mito' da 'Encarnação'". O resultado desse procedimento seria a afirmação de que "Jesus Cristo não é nem constitutivo da salvação, nem normativo para as relações entre Deus e o homem". Em suma: Dupuis percebe bem as exigências para uma teologia cristã: não se pode "reduzir a filiação de Jesus Cristo a uma filiação 'metafórica'. Trata-se exatamente de uma filiação ontológica, a ser tomada em sentido literal, mesmo que, como é evidente, o conceito de geração seja um conceito analógico que se realiza em Deus de modo eminente".[30] Trata-se, aqui, certamente, de uma perspectiva cristocêntrica.

Ora, quando se fala de "perspectiva" – fala-se também de "mudança de paradigma" – sugere-se sempre a adoção da perspectiva do Reino que teria vantagens em relação a uma perspectiva cristocêntrica. Contudo, com lucidez, o autor observa que "isso seria esquecer que o Reino de Deus [...] irrompeu na história de Jesus Cristo e através de seu acontecimento". Certamente, a conclusão obrigatória é a seguinte: em teologia cristã, teocentrismo e cristocentrismo são inseparáveis. O mesmo vale para a perspectiva do Reino.

Na conclusão de *Jésus-Christ à la rencontre des religions*, Dupuis escreve sem equívocos "que uma teologia cristã das religiões deveria ser uma

---

[28] Ibid., p. 260.
[29] Ibid., p. 262.
[30] Ibid., p. 264.

cristologia das religiões". E, antecipando toda dificuldade, observa que uma "teologia confessional" não deve ser entendida como necessariamente uma "teologia paroquial". Bem ao contrário, uma teologia cristã das religiões "pode e deve ser verdadeiramente global e universal", pois uma "visão cristocêntrica nutre uma perspectiva global e universal". Nesse sentido, recorda que, de um lado, o Verbo de Deus é "o agente universal de toda automanifestação divina histórica, antes mesmo de sua Encarnação em Jesus Cristo" e, de outro, "sua Encarnação histórica tem em vista sua presença operante, meta-histórica e universal, como Senhor ressuscitado" e, finalmente, "sua ação salvífica estende-se aos confins do universo pela economia universal de seu Espírito". Resumidamente: "O acontecimento Jesus Cristo, centro da história, reveste-se, assim, de dimensões cósmicas".

Finalmente, o autor propõe compreender a teologia das religiões como uma "teologia cristã", uma "teologia global" e uma "teologia contextual". Todas as três devem ser consideradas juntas. Em resumo: em teologia cristã das religiões a "chave hermenêutica" é "Jesus Cristo", não um Cristo desligado de Jesus. À guisa de conclusão, Dupuis escreve:

> Em teologia cristã das religiões, a chave hermenêutica é não um Cristo sem Jesus, mas Jesus-o-Cristo. É sua presença ativa universal que é necessário mostrar. A significação cósmica deve resultar do mistério e do acontecimento Jesus Cristo. Uma teologia cristã das religiões será uma cristologia. Longe de favorecer o exclusivismo, o cristocentrismo cristão é capaz de integrar na sua diferença todas as experiências religiosas numa teologia verdadeiramente católica, isto é, inclusiva e universal.[31]

Nessa mesma direção, quatro anos após, no seu *Homme de Dieu, Dieu des hommes*, o autor exprime com precisão a urgência de "mostrar que um cristocentrismo inclusivo e aberto permanece possível e que ele representa até mesmo a única via praticável para uma teologia cristã das religiões verdadeiramente digna de tal nome".[32] Em algumas páginas mais à frente o autor partilha conosco sua convicção de que "o problema cristológico constitui o centro do debate". Do mesmo modo que

---

[31] Ibid., p. 322.
[32] Id., *Homme de Dieu, Dieu des hommes...*, p. 239.

a questão crucial [...] é saber se uma teologia das religiões que quiser ser cristã tem verdadeiramente diante de si a escolha entre uma perspectiva cristocêntrica, reconhecendo o acontecimento de Jesus Cristo como constitutivo da salvação universal, e uma perspectiva teocêntrica, que [...] coloca em dúvida ou rejeita explicitamente esse dado central da fé tradicional.

O autor, com pertinência, se pergunta: "Um teocentrismo que não seja ao mesmo tempo cristocêntrico pode ser um teocentrismo cristão?".[33]

A possibilidade de uma teologia cristã do pluralismo religioso

Ademais, depois de ter escrito essas linhas, em sua obra maior *Vers une théologie chrétienne du pluralisme religieux*, mais uma vez o autor consagra um capítulo para apresentar o debate atual sobre teologia das religiões. Ele conclui sustentando claramente que "a pluralidade deve ser levada a sério e adequadamente acolhida, não somente como um fato inegável, mas em princípio", e que "uma teologia das religiões deve ser uma teologia do pluralismo religioso". No entanto, com lucidez, logo ele se pergunta: "Que modelo tal teologia pode seguir para ser verdadeiramente cristã?".[34] A essa questão ele consagrará praticamente toda a segunda parte de sua obra.

No capítulo intitulado "Jesus Cristo, uno e universal", Dupuis declara sua "intenção" primeira: "Mostrar que uma afirmação equilibrada de unicidade e de universalidade bem estabelecida em favor de Jesus Cristo dá lugar a uma teologia aberta das religiões e do pluralismo religioso".[35] Se-

---

[33] Ibid., p. 242.
[34] Id., *Vers une théologie chrétienne du pluralisme religieux*, p. 306.
[35] Já no seu artigo "Le débat christologique dans le contexte du pluralisme religieux", NRT 113 (1991) 857, Dupuis formulava o desafio de uma tal teologia da seguinte maneira: "Para a teoria inclusiva, [...] a tarefa pendente de uma teologia das religiões é mostrar que o evento Cristo, apesar do seu caráter particular, enquanto tempo e espaço, tem um valor universal e consequências cósmicas, de modo que o mistério da salvação em Jesus Cristo está presente em todas às partes e cumprindo-se pelo Espírito". Mais adiante, Dupuis insiste sobre o "único fundamento adequado" do "caráter único e final de Jesus Cristo". Esse fundamento, diz ele, é "a identidade de Filho de Deus feito homem, de Verbo de Deus encarnado", p. 860. Essa afirmação já estava presente no seu livro *Jésus-Christ à la rencontre des religions (1989)*.

gundo o autor, uma teologia "cristológica trinitária" permitirá visualizar "a presença e a atividade contínuas do Verbo e do Espírito de Deus".[36]

Com efeito, o modo de compreender a pessoa e o acontecimento de Jesus Cristo determinará o tipo de teologia cristã das religiões. Dupuis vê claramente que as teologias pluralistas (J. Hick especialmente) tentam operar uma "redução da pessoa de Jesus Cristo". Essa redução é baseada em três tipos de considerações críticas: filosófica, histórico-crítico-exegética e teológica. Retemos aqui a consideração teológica: "Nenhuma circunstância histórica pode sustentar a unicidade e a universalidade que o Cristianismo atribui ao acontecimento de Jesus Cristo". Por isso o autor declara que, para evitar todo mal-entendido, evitará falar de "absolutez" a respeito de Jesus Cristo, e para isso dá uma razão:

> A absolutez é um atributo da última Realidade do Ser infinito, que não deve ser afirmado sobre nenhuma realidade finita, mesmo sendo a existência humana do Filho de Deus feito homem. Ser o Salvador "universal" não faz de Jesus Cristo o "Salvador absoluto" – que é o próprio Deus.[37]

No entanto, mais adiante, o teólogo observa justamente: "A fé em Jesus Cristo não consiste simplesmente na certeza de que ele é 'para mim' o caminho de salvação; ela significa crer que o mundo e a humanidade encontram a salvação nele e por ele".[38] Essa última afirmação é para o autor a única a "fazer justiça" às "numerosas" declarações do Novo Testamento e, precisamente por isso, no contexto do pluralismo religioso, é necessário desenvolver uma nova hermenêutica do Novo Testamento.

Nesse contexto, a afirmação da unicidade "constitutiva" de Jesus Cristo é considerada, com pertinência, parte da fé cristã. Entretanto, tal unicidade não deve ser confundida com uma "unicidade absoluta". Isso porque a Palavra de Deus deve ser compreendida como "um conjunto complexo". De fato, por exemplo,

---

[36] Id., *Vers une théologie chrétienne du pluralisme religieux*, p. 426.
[37] Ibid., p. 427.
[38] Ibid., p. 444.

o Verbo "habitou entre nós" (Jo 1,14) em Jesus Cristo; mas, a sabedoria anteriormente tomou posse de todos os povos e de todas as nações, procurando entre eles um lugar para repousar (Eclo 24,6-7), e "estabeleceu sua morada" em Israel (Eclo 24,8-12). Do mesmo modo, Jesus Cristo é o "caminho, a verdade e a vida" (Jo 14,6). Mas o Verbo que existia antes dele era "a verdadeira luz que, vindo ao mundo, ilumina todo homem" (Jo 1,9).[39]

Para Dupuis, a afirmação cristã da unicidade constitutiva de Jesus Cristo "baseia-se num terreno sólido e possui um fundamento válido". Trata-se de mostrá-lo, mesmo consciente de que tal asserção é também uma "convicção de fé" que se situa além da "prova empírica ou científica".[40] O que está em jogo, portanto, é a credibilidade da fé cristã em Jesus Cristo. Dito de outro modo, "o papel da cristologia consiste em mostrar que a fé cristã em Jesus Cristo está solidamente fundada sobre a pessoa de Jesus de Nazaré" e que a cristologia explícita da Igreja está fundada na cristologia implícita do próprio Jesus. Nesse contexto, o autor utiliza a expressão "continuidade na descontinuidade" a respeito de Jesus e de Cristo. Descontinuidade porque a existência humana de Jesus foi transformada, assim que ele passou do estado de *kénosis* ao estado glorificado pela ressurreição (Fl 2,6-11). E continuidade, pois "a identidade pessoal" permanece. A expressão pode ter dois sentidos: a relação entre a "cristologia funcional" do querigma e a subsequente "cristologia ontológica" do Novo Testamento, de um lado; de outro, a relação entre a cristologia ontológica do Novo Testamento e o dogma cristológico da Igreja. No último sentido, há uma "des-helenização do conteúdo" com uma "helenização da terminologia" e, no primeiro sentido, há um desenvolvimento homogêneo. Nesse contexto o teólogo comenta o trabalho dos pluralistas:

> Os pluralistas, J. Hick particularmente, rejeitam o tema "Encarnação", pois o veem como linguagem mítica e metafórica. No entanto, se o termo for corretamente "demitologizado", vê-se nisso – coerentemente – a afirmação de que Deus se manifesta e pode ser encontrado por intermédio do homem Jesus: interpretado como linguagem metafórica, o Verbo "que se fez carne"

---

[39] Ibid., p. 446.
[40] Ibid., p. 447.

em Jesus Cristo (cf. Jo 1,13) é, então, visto como equivalente do "Jesus, o nazareno, esse homem que Deus credenciou" (cf. At 2,22). É verdade que os conceitos de "preexistência" e de "Encarnação" servem a vários mal-entendidos. Preexistência não é uma existência em um tempo fictício antes do tempo. Permanece, no entanto, *o fato de que a Encarnação do Filho de Deus implica de maneira muito real o devir humano do Verbo na história, que, independentemente desse devir, existe eternamente no mistério de Deus. Tal é o sentido verdadeiro transmitido pela linguagem simbólica de "Encarnação"*.[41]

Está claro que Dupuis quer afirmar a realidade da Encarnação e está de acordo com R. Schnackenburg para dizer que a cristologia de São João "não é construída sobre um modelo estabelecido de especulação mitológica a respeito de um redentor descido do céu e para lá retornado". Do mesmo modo, citando K. J. Kushel, ele nos faz perceber o que está em jogo aqui: "Jesus é o Verbo eterno de Deus em pessoa, não porque seres humanos creem nele ou porque ele mesmo o afirme, mas porque é o que é devido a Deus".

Por que é tão importante afirmar a identidade pessoal de Jesus Cristo como Filho de Deus? O autor percebeu que nem os valores evangélicos ou o Reino de Deus que Jesus anuncia, nem sua opção pelos pobres, nem a luta frontal contra a injustiça, nem sua mensagem de amor seriam suficientes para explicar sua identidade constitutiva única. Sem dúvida alguma todos esses traços ajudaram a mostrar a particularidade de sua personalidade. No entanto, a universalidade de Jesus não deveria "obscurecer" a particularidade de Jesus de Nazaré, mesmo se se sabe que a existência humana de Jesus, depois da Ressurreição, situa-se além do tempo e do espaço. O Jesus histórico permanece como sujeito dessa superação espaçotemporal. Dupuis escreve a respeito: "Um Cristo universal, separado do Jesus particular, não seria mais o Cristo da revelação cristã". E disso extrai as consequências: "Pôr o acento na particularidade histórica de Jesus incide sobre uma teologia aberta das religiões".

---

[41] Ibid., p. 449. Os itálicos são nossos.

Justificação da possibilidade de uma ação salvadora do Verbo enquanto tal

É preciso reconhecer, diz-nos Dupuis, que "a particularidade histórica de Jesus impôs ao acontecimento Cristo irremediáveis limitações". São as consequências da economia encarnacional. A consciência humana de Jesus não esgota o mistério de Deus. Deus permanece além do homem Jesus como "fonte última" da salvação e da revelação. Na mesma lógica, "o acontecimento Cristo não esgota [...] o poder salvador de Deus". Retomando a seu modo uma frase de Christian Duquoc, ele conclui: "Jesus não é um substituto de Deus". Sendo assim, vamos ao que é central para nosso discurso. O autor faz-nos perceber que se se reconhece que o acontecimento Cristo é o sacramento universal da vontade salvadora universal de Deus, é preciso reconhecer também que, "no entanto, não é a única expressão possível dessa vontade". Ora, a questão é saber se "a ação salvadora de Deus através do *Logos* não encarnado (*Logos asarkos*) [...] perdura depois da Encarnação do *Logos*". Dupuis inclina-se a afirmar uma ação salvadora de Deus através do Espírito, antes e após a Encarnação. Mas aqui ele propõe uma distinção, reconhecendo inteiramente a unicidade da Encarnação, isto é, admitindo que "somente a existência humana individual de Jesus é assumida pelo Filho de Deus". Assim, Jesus é "constituído 'imagem de Deus'", e "outras 'figuras salvadoras' [...] podem ser 'iluminadas' pelo Verbo ou 'inspiradas' pelo Espírito para tornarem-se índices de salvação para seus adeptos, conforme o desígnio geral de Deus para o gênero humano".[42] Dupuis afirma claramente que o "Verbo não pode estar separado da carne que ele assumiu". Não obstante tal fato, eles permanecem "distintos um do outro". De um lado, a ação humana do *Logos ensarkos* é o sacramento universal da ação salvadora de Deus"; de outro, essa ação "não esgota a ação do *Logos*". Ele conclui afirmando que "uma ação distinta do *Logos asarkos* continua a existir". No entanto, essa ação não constitui uma economia de salvação separada daquela realizada na carne de Cristo. Ela deve ser entendida como "a expressão do dom gratuito superabundante e da absoluta liberdade de Deus". Essa distinção permite a Dupuis esperar "novas

---
[42] Ibid., p. 453.

pistas para uma teologia do pluralismo religioso que ofereça várias 'vias' de salvação".⁴³ Ele nos lembra justamente que sustentar o acontecimento Jesus Cristo na sua particularidade, e ao mesmo tempo a universalidade do plano salvífico de Deus, pode ser expresso sob diversas fórmulas: "paradoxo da Encarnação" (E. Schillebeeckx, C. Geffré) ou o "universal concreto" (N. de Cues, P. Tillich e H. U. von Balthasar).

Dupuis continua reunindo pontos de vista de alguns teólogos que lhe permitam sustentar sua própria posição. Ele cita C. Geffré, para quem "a economia do Verbo encarnado é o sacramento de uma economia mais ampla, a do Verbo eterno de Deus". E cita também E. Schillebeeckx, para quem, "em razão da contingência presente em Jesus, cada homem pode encontrar Deus 'fora de Jesus'". Finalmente, evoca um texto de Christian Duquoc, no qual a revelação de Deus em Jesus significa "que nenhuma particularidade histórica é absoluta" e que "a particularidade histórica originária do Cristianismo exige deixar subsistirem as diferenças, e não as abolir como se a manifestação de Deus em Jesus pusesse fim à história 'religiosa'".⁴⁴

A questão é, portanto, saber que papel atribuir à humanidade de Cristo e até que ponto se pode "distinguir" a ação do *Logos asarkos* da ação do *Logos ensarkos*. Em que medida estão ligadas e em que medida elas são independentes? A "cristologia trinitária" que Dupuis propõe mostra, a seus olhos, que "a particularidade do acontecimento-Cristo deixa espaço para a ação do *Logos asarkos*", assim como "a cristologia pneumática" mostra-nos que "o Espírito de Deus está presente de modo universal e agindo, antes e depois do acontecimento". Certamente, diz o autor, há uma "relação mutuamente condicionante" entre o acontecimento-Cristo e a ação do Espírito. É por isso que o Espírito pode ser chamado de "Espírito de Cristo".

Sobre o mesmo tema, na sua obra *La rencontre du christianisme et des religions*, o autor precisa a terminologia,⁴⁵ mas, no essencial, as

---

⁴³ Ibid.
⁴⁴ Ver: DUQUOC, C. *Dieu différent*. Paris: Cerf, 1977. p. 143. Esta intuição será desenvolvida em seu livro *L'unique Christ. La symphonie différée*. Paris: Cerf, 2002.
⁴⁵ Dupuis faz o mesmo no seu artigo "Le Verbe de Dieu, Jésus Christ et les religions du monde", *NRT* 123 (2001) 529-546. Neste artigo o autor gostaria de "contribuir com alguns esclarecimentos e enfrentar eventuais dificuldades" e assinala também que se limitará a tratar nele "o problema de saber como combinar adequadamente a ação do Verbo de Deus e a eficácia do evento Cristo", p. 529.

afirmações são as mesmas que da obra precedente. Ele confere uma importância central à "ação salvífica do Verbo como tal para uma teologia das religiões aberta". Por isso, na introdução de sua obra escreve que ele "se propõe a explicar e precisar em que sentido o Verbo de Deus *enquanto tal* pode agir de maneira salvífica para além da humanidade de Jesus, mesmo ressuscitado e glorificado, mas sempre em 'união' com ele".[46] Ele considera três elementos a tratar:

> 1. A atualidade e a eficácia universal do acontecimento Jesus Cristo, apesar da particularidade histórica desse acontecimento; 2. A presença atuante e universal do Verbo divino, cuja ação não está limitada à existência humana que ele assumiu no mistério da Encarnação; 3. A ação igualmente universal do Espírito através do Cristo ressuscitado e glorificado.[47]

A seguir ele põe uma questão fundamental: "Quem é o Salvador, Jesus Cristo ou o Verbo de Deus?". Dupuis esforçar-se-á por excluir de sua resposta toda inclinação a uma espécie de "logocentrismo" que tenderia a separar a ação do Verbo do acontecimento Jesus Cristo.

Sem afirmar a "separação" entre o Verbo e Jesus Cristo, o teólogo assegura que se pode falar da "ação do Verbo como tal, distinta da atividade realizada através da humanidade de Jesus e, além dessa, igualmente no estado de ressuscitado de sua humanidade". Ele prossegue dizendo que

> o Verbo de que falamos não é diferente daquele que se encarnou em Jesus Cristo. Não há, evidentemente, nenhum outro Verbo de Deus fora daquele que tomou a carne humana em Jesus de Nazaré. Mas, enquanto o mistério da Encarnação do Verbo é um acontecimento histórico, portanto particular no tempo e no espaço, o Verbo como tal existe na eternidade do mistério divino.[48]

Imediatamente, ele introduz a distinção clássica entre o *Verbum incarnandum* e o *Verbum incarnatum*, acrescentando a esta a ação permanente do *Verbo como* tal (mesmo depois da Encarnação e da ressurreição!)

---

[46] Id., *La rencontre du christianisme et des religions...*, p. 31.
[47] Ibid., p. 217. Ver também: Id., *Le Verbe de Dieu, Jésus Christ et les religions du monde*, p. 529.
[48] Id., *La rencontre du christianisme et des religions*, p. 220

que, segundo o autor, não estaria "sujeito às limitações da humanidade". Ele assegura, a seguir, que isso pode ser "estabelecido" a partir dos dados da tradição e da revelação.

Dupuis recorre, portanto, à "economia da Sabedoria de Deus" dos livros sapienciais, ao prólogo do Evangelho de João, a uma interpretação dos concílios de Calcedônia e de Constantinopla III e à doutrina do *Logos spermatikos* com suas variantes em Justino, Irineu e Clemente de Alexandria.

Primeiramente, segue a perspectiva bíblica elaborada por G. Odasso,[49] citando os textos que esse autor estudou: Jó 28,1-28; Pr 8,22-31; Eclo 24,1-32; Sb 9,1-18. É preciso, assim, legitimamente, diz ele, falar da "personificação" ou da "hipostatização" da Sabedoria. Ele conclui citando Odasso, retendo dele a afirmação de que "as religiões [...] se apresentam como meio por excelência no qual o ser humano se deixa instruir pela Sabedoria e se deixa guiar por ela para o fim de toda a humanidade: a plena comunhão vivificante e eterna com o Deus vivo".

Quanto ao prólogo do Evangelho de João, Dupuis opta pela interpretação, de acordo com a dada por Raymond Brown, que afirma que se trata do *Verbum incarnandum* e "não de referência direta e explícita a Jesus Cristo como Verbo encarnado". Ele diz justificar essa opção baseado nos trabalhos de R. Schnackenburg, J. Dupont, A. Feuillet, M.-E. Boismard e, claramente, em D. Mollat e X. Léon-Dufour. De fato, se se segue a interpretação de Léon-Dufour, pode-se estar autorizado a reconhecer que há uma ação do Verbo antes da Encarnação, e, ainda, que esse "*Logos* continue a exprimir-se através da criação da qual ele é o autor". Dupuis conclui:

> Aparece, portanto, claramente que se deve falar não somente de uma ação universal, antes da Encarnação, do Verbo-em-face-de encarnar-se, mas igualmente de uma ação contínua do Verbo como tal após a Encarnação do Verbo, e mesmo depois da ressurreição de Jesus.

---

[49] ODASSO, G. *Bibbia et religioni. Prospettive bibliche per la teologia delle religioni*. Rome: Urbaniana University Press, 1998.

No mesmo sentido, ele toma de D. Mollat a afirmação de que "está dito [Jo 1,9] que essa verdadeira luz 'ilumina todo homem'. 'Ilumina...' no presente, significa que tal é seu próprio papel e sua atividade constante [...]. É preciso, portanto, afirmar que existe uma relação pessoal de cada ser humano com o Verbo".

Dupuis queria evitar um "monofisismo invertido", que consiste em absorver a natureza divina do Verbo. É por isso que, ao contrário, deve-se afirmar "a integridade permanente" da natureza e da ação "contínua" do Verbo na "distinção", sem prejuízo de sua natureza humana. A partir disso, segundo ele, resulta "a possibilidade de uma ação permanente do Verbo como tal, distinta da ação exercida através da humanidade de Jesus Cristo". Ele prossegue:

> O Verbo de Deus, ainda que se tendo encarnado, permanece Verbo de Deus. Deus permanece Deus. O Verbo é sempre aquele que "está no princípio voltado para Deus" e por quem "tudo foi feito" e continua a ser criado (ver Jo 1,1-3), sem que o ser histórico de Jesus, ainda não existente, tenha podido servir de instrumento do ato divino de criação [...]. O Verbo [portanto] permanece sempre verdadeira luz, aquela que, "vindo ao mundo, ilumina todo homem" (Jo 1,9), além da ação salvífica do Verbo encarnado através de sua humanidade [...]. O Verbo como tal continua a tomar parte, segundo seu caráter pessoal, do mistério da Trindade, da ação divina no mundo [...]. Em suma, isso quer dizer que o Verbo permanece o que ele é no mistério da Trindade, a despeito do fato de que a própria humanidade de Jesus, estando unida em sua pessoa através do mistério histórico da Encarnação, doravante faz parte, de modo misterioso, do próprio mistério de Deus. E é por isso que a ação contínua, iluminadora e vivificante do Verbo como tal está de todo modo "relacionada" à "concentração" da salvação divina no Verbo enquanto encarnado em Jesus Cristo, e à atualidade permanente do acontecimento histórico através da condição de ressuscitado de sua humanidade.[50]

Como já havia feito em *Vers une théologie chrétienne du pluralisme religieux*, o autor assinala, de modo breve, teólogos contemporâneos

---

[50] DUPUIS, *La rencontre du christianisme et des religions*, p. 226-227.

(C. Geffré e B. Sénécal) que estariam na mesma direção. A seguir, ele nos apresenta rapidamente a doutrina do *Logos spermatikos* dos primeiros Padres da Igreja. Começa por Justino e o *Logos semeador*, sublinhando a função cosmológica do *Logos* como sendo "o fundamento da teologia justiniana da revelação". A manifestação de Deus por intermédio de seu Verbo não estaria circunscrita à economia cristã, uma vez que ela teve lugar antes da Encarnação do Verbo. Resumidamente: uma semente do *Logos* (*sperma tou logou*) está presente em todos os homens, pois ela foi plantada pelo *Logos semeador*. No entanto, somente a nós, cristãos, esse *Logos* foi revelado integralmente por sua Encarnação.

A seguir, a figura de Irineu de Lyon é evocada para apresentar alguns traços de sua "teologia da história" e de sua concepção do *Logos* revelador. Ele cita um texto bem conhecido (*Adv. Haer.* IV, 20, 6-7) e imediatamente afirma "a economia das manifestações divinas através do *Logos*, que, presente na criação desde suas origens, revela progressivamente o Pai". Pois "Irineu não pensa unicamente no Verbo encarnado – mas, num sentido mais geral, na manifestação, visível ou invisível, a revelação, o ser conhecível do Pai". Ele conclui mais adiante que "Irineu atribui sem equívocos ao *Logos* a automanifestação de Deus na antiga economia".[51] No entanto, Dupuis se pergunta muito corretamente se a teologia do Verbo de Irineu "denota uma consciência da significação única e insubstituível de seu acontecimento na carne". Ele responde afirmativamente, dizendo que "a diferença entre o Cristo anunciado e o Cristo dado permanece inteira [...]. A manifestação humana do Cristo, que teve lugar uma vez por todas no espaço e no tempo, é para ele uma ampla garantia da novidade do Cristianismo histórico".[52]

Para concluir esse exame de alguns Padres da Igreja, Dupuis apresenta Clemente de Alexandria, com sua ideia do *Logos* da Aliança. Ele sublinha que Clemente define a filosofia como Aliança entre Deus e os homens (*diathèkè*); ela é uma espécie de plataforma (*hypobathra*) que pode dar acesso

---

[51] Ibid., p. 234.
[52] Ibid., p. 236-237.

à "filosofia do Cristo" e é a ação pessoal do *Logos* que permite tal acesso. Não obstante,

> a percepção da verdade que os filósofos tinham tido pela mediação do *Logos* ficou parcial. É em Jesus Cristo, o *Logos* encarnado, que a verdade sobre Deus é plenamente revelada aos seres humanos, como também a verdadeira vida em Deus, que, por seu Verbo-feito-carne, partilha conosco sua incorruptibilidade e sua imortalidade.[53]

À guisa de conclusão, Dupuis lamenta que a reflexão teológica tenha perdido a "significação profunda" da teologia do Verbo semeador. Tal reflexão, consequentemente, ter-se-ia reduzido a uma "espécie de conhecimento natural de Deus" ou a uma capacidade humana de Deus, esquecendo totalmente a ação universal do Verbo de Deus.

O teólogo queria mostrar que não existe contradição entre a presença universal e atuante do Verbo de Deus e a significação salvífica única do acontecimento histórico de Jesus Cristo. Para ele, trata-se de distinguir (não separar nem identificar) a ação universal do Verbo e o acontecimento histórico de Jesus Cristo. Ele reconhece sem ambiguidade que "o Verbo como tal e o Verbo encarnado pertencem juntos a uma só e única história de salvação".[54] Mas como ele explica isso? Eis sua maneira de raciocinar, pelo menos tal como declara: a cristologia tem interesse a partir de baixo e somente depois evolui para uma cristologia do alto. Dito de outra forma: não se pode partir da pessoa do Verbo preexistente, mas deve-se partir do ser humano de Jesus, sem ficar somente nele. Seria preciso, assim, remontar ao "mistério da pessoa do Verbo de Deus preexistente que se fez homem em Jesus Cristo".

Eis as duas afirmações que Dupuis tenta sustentar ao mesmo tempo: de um lado, "o valor salvífico universal do acontecimento de Jesus Cristo dá lugar a uma ação iluminadora e salvífica do Verbo como tal" antes da Encarnação e depois da ressurreição. Por outro lado, "Jesus Cristo está eternamente no centro da intenção de Deus no seu ato de criação do mundo".

---

[53] Ibid., p. 239.
[54] Ibid., p. 244.

Isso é detalhado pela seguinte afirmação: o acontecimento Jesus Cristo é, contudo, "particular e circunscrito nos limites do espaço e do tempo. [Mesmo] a ressurreição é um acontecimento inscrito pontualmente na história, ainda que introduza o ser humano Jesus numa condição 'meta-histórica'". Dupuis reconhece que, "no estado de glorificação do Ressuscitado, o acontecimento histórico está presente e atual em todo tempo e lugar". Não obstante, afirma, o acontecimento histórico salvífico "não esgota – nem pode esgotar – o poder revelador e salvífico do Verbo de Deus [como tal?]. E acrescenta: "Assim como não se pode jamais separar o ser humano de Jesus da pessoa do Verbo de Deus, não se pode também torná-los idênticos entre si, pois as duas naturezas permanecem distintas na união pessoal".[55] O que interessa ao autor é, portanto, sublinhar que o Verbo de Deus "permanece para além do ser humano de Jesus". Ele não deixa de dizer que, "apesar" da identidade pessoal do ser humano de Jesus com o Verbo, uma distância, ou um "para além de..." deve ser afirmado. Isso seria a garantia e a possibilidade da afirmação da universalidade do Verbo como tal com sua ação "iluminadora" e "salvífica", mesmo se tal ação está "organicamente associada" ao acontecimento-Cristo. Dito de outra forma, a ação salvífica de Deus não faz jamais abstração do acontecimento Cristo. Mas Dupuis insiste: "A ação do Verbo de Deus, porém, não está exclusivamente ligada ao fato histórico de tornar-se homem em Jesus Cristo".[56]

Importa a Dupuis afirmar que a eficácia do Verbo "ultrapassa os limites da presença ativa da humanidade, mesmo glorificada, de Jesus", assim como "a pessoa do Verbo ultrapassa o ser humano de Jesus Cristo". E isso "a despeito" da união hipostática. Segundo a compreensão do autor, se a tivermos interpretado bem, essas duas últimas afirmações tornam, portanto, possível uma terceira: as tradições religiosas da humanidade "contêm sementes de 'verdade e de graça'(*AG*, n. 9) espalhadas nelas pelo Verbo". E o Verbo divino "continua a espalhar suas sementes" nas religiões e nos povos.

Se o autor reconhece claramente que a Encarnação do Verbo de Deus em Jesus Cristo é "o ponto culminante do processo histórico de autoco-

---

[55] Ibid., p. 246-247.
[56] Ibid., p. 248.

municação divina", ele quer sublinhar, do seu ponto de vista, um possível desvio:

> *Não se deve, porém, permitir que a centralidade da dimensão encarnacional da economia salvífica de Deus obscureça a presença e a ação permanente do Verbo divino.* A iluminação e o poder salvífico do Verbo não estão circunscritos à particularidade do acontecimento histórico. Eles transcendem toda barreira espacial e temporal. O acontecimento histórico Jesus Cristo, constitutivo da salvação, e a eficácia universal do Verbo divino não constituem, portanto, duas economias diversas e paralelas de salvação. Eles representam, ao contrário, aspectos complementares e inseparáveis num plano divino único, mas diversificado, para toda a humanidade.[57]

Que "pareça" existir uma ação contínua do Verbo de Deus como tal "associada" ao valor salvífico universal do acontecimento Jesus Cristo é, para Dupuis, a possibilidade de fundar uma teologia aberta das religiões. Essa teologia do Verbo de Deus como tal ajudaria a ver um "papel positivo" das outras religiões no "mistério da salvação de seus membros". Nesse sentido seria possível falar de um "pluralismo religioso" não somente "de fato", mas "de princípio".

Dupuis não deixa de lembrar que seu propósito permanece no domínio da "reflexão teológica", isto é, trata-se de uma "tentativa proposta" no quadro de tal reflexão. Essa tentativa permanece, certamente, "provisória" e "aberta ao aperfeiçoamento". É nesse espírito que nós procuramos agora uma avaliação da "tentativa proposta" pelo autor. Ainda que estejamos em princípio de acordo com as afirmações de que "a teologia deva ser humilde e discreta" e de que "o apofatismo teológico recomenda o silêncio onde [...] não podemos e nem devemos explicar o 'como'", parece-nos que o "como" da relação entre a ação do Verbo como tal e o acontecimento da Encarnação é uma questão que exige por si mesma ser pensada, sem que tal suponha, certamente, esquececer a reverência devida ao mistério de Deus.

---

[57] Ibid., p. 250.

Uma conversa com Jacques Dupuis: algumas questões

Reconhecendo a proficiência e a qualidade da reflexão teológica do autor, e sem nada tirar de sua intenção, indubitavelmente benfazeja, cuidadosa e fiel em relação à fé cristã, seja-nos permitido formular algumas questões voltadas para as implicações teológicas de sua proposta mais do que sobre a ortodoxia de seu discurso. Trata-se, portanto, de pensar com ele.

Com muita lucidez Dupuis põe as seguintes questões: "Quem é o Salvador? Jesus Cristo ou o Verbo de Deus? Como pode o acontecimento-Jesus Cristo, sendo historicamente limitado e particular, ter uma eficácia para além dos limites que lhe impõem o tempo e o espaço? Devemos minimizar o alcance salvífico do acontecimento histórico em favor da ação universal do Verbo de Deus, que não conhece tais limites?". O autor faz-nos notar uma resposta possível: "Chegar-se-ia à conclusão de que é na realidade o Verbo de Deus que salva, enquanto a significação do acontecimento-Jesus Cristo consiste num testemunho da ação salvífica do Verbo".[58] O teólogo dá-se conta perfeitamente dos possíveis desvios de uma resposta a essas questões pela afirmativa. Escreve, então: "Mas afirmar isso não é postular duas economias de salvação paralelas e destruir, assim, a unidade orgânica do plano divino de salvação para a humanidade?".[59] No entanto, se Dupuis não responde a essas questões pela afirmativa, qual é, afinal, a resposta que ele demanda?

Dupuis assegura tentar explicar que "a ação do Verbo permanece distinta da ação do ser humano Jesus Cristo" e "como a ação do Verbo de Deus e a eficácia do acontecimento-Cristo são combinados como dois aspectos inseparáveis na única economia de salvação".[60] Mas de que maneira ele chegou a dar razão do objetivo que propôs a si mesmo? Evidentemente, não se pode senão estar de acordo com tais declarações de intenção. No entanto, é importante perguntar-se se a "distinção" – que, afinal, é uma distinção de

---

[58] Id., Le Verbe de Dieu, Jésus Christ et les religions du monde, p. 530.
[59] Ibid.
[60] Ibid., p. 531.

razão – entre a ação do Verbo e a do ser humano Jesus não se apresenta excessivamente especulativa. A distinção proposta permanece uma "distinção" ou escorrega sutilmente rumo a uma separação indevida – escolho do qual, certamente, o autor quer escapar?

Como o autor "combina" a ação do Verbo como tal e a ação do ser humano Jesus? Se de um lado, com razão, postula-se uma unidade da história da salvação, como, de outro, pode-se manter a asserção da "distinção" de duas ações "jamais separadas"? Não seria melhor afirmar, no mesmo domínio da unidade da história da salvação, que se trata não de duas ações separadas, mas de uma só ação na qual a distinção entre o Verbo enquanto tal e o ser humano de Jesus não nos pode conduzir senão à afirmação do Verbo encarnado? Não é o Verbo encarnado o termo que, sem separar, une e unindo não abole a distinção? Por que querer a todo preço distinguir o que constitui, por definição, uma unidade na distinção?

É preciso louvar em Dupuis a insistência em declarar que não é necessário atribuir a ação salvadora "exclusivamente" ao Verbo, "independentemente e em prejuízo da humanidade de Jesus".[61] Sendo assim, sua insistência sobre a "distinção-na-unidade" entre a ação do Verbo e o acontecimento-Jesus Cristo leva o autor a afirmar a "persistência" de tal distinção. O acontecimento-Jesus Cristo não é considerado uma ação desse mesmo Verbo de quem ele fala? Segundo ele, é precisamente isso que permitirá "tirar consequências" a respeito da pluralidade de caminhos pelos quais a ação salvadora de Deus chega às pessoas nas diversas tradições religiosas. Mas pode-se perguntar em que o fato de afirmar o acontecimento-Jesus Cristo como ação do Verbo torna-se mais difícil sustentar do que a ação salvadora de Deus que chega às pessoas nas diferentes religiões? Seria isso afirmar que o acontecimento da Encarnação restringe as possibilidades da ação salvadora de Deus? Inicialmente, parece-nos que não se conseguiu ver todas as possibilidades e vantagens da afirmação cristã da Encarnação no quadro preciso da teologia das religiões. Parece-nos que a afirmação do acontecimento da Encarnação abre caminhos (no Cristianismo) para compreender a ação salvadora de Deus nas pessoas de diversas tradições religiosas. Que

---

[61] Ibid., p. 532.

a ação do Verbo enquanto tal persiste, como assegura Dupuis, conduz-nos verdadeiramente a um novo dado? Pode-se conceber realmente uma ação do Verbo enquanto tal, tanto antes quanto após a Encarnação? Pode-se atribuir, de um lado, uma "presença operante e universal"[62] ao Verbo de Deus e, de outro, somente uma "significação salvadora única" à Encarnação do Verbo de Deus, mesmo afirmando uma "correlação" e uma "complementaridade entre os dois"? Seria necessário saber o que se entende por cada uma dessas expressões.

Dupuis sublinha que a ação do Verbo como tal ultrapassa os limites do tempo e do espaço e que, consequentemente, seu poder salvador não pode estar restrito a uma simples identificação ao acontecimento Jesus Cristo histórico, afirmando um "valor e um alcance únicos" desse acontecimento. Evidentemente, não se pode não perceber os esforços que o autor fez para manter o equilíbrio e precisar seu pensamento. Isso não é de forma alguma negligenciável. No entanto, impossível não perguntar a propósito de sua leitura do prólogo do Evangelho de João. Segundo o teólogo, uma leitura correta desse texto pode autorizar a identificar o *Logos* em questão, ao Verbo enquanto tal. Como vimos, ele utiliza especialmente os trabalhos de X. Léon-Dufour para sustentar seus argumentos em favor dessa afirmação que se desenvolveu assim: "O que está afirmado é que a ação do *Logos* como tal, depois da Encarnação, ou mesmo após a ressurreição e a glorificação de Jesus, não está circunscrito nem limitado pela humanidade de Jesus".[63] Desse modo, "o prólogo do Evangelho de João pode ser interpretado como explicação de uma ação salvadora universal, não somente do *Logos* antes da Encarnação, mas igualmente do *Logos como tal*, depois da Encarnação e da ressurreição". Ora, a questão que se coloca é saber se essa interpretação respeita a relação entre o prólogo e o restante do Evangelho, bem como todos os outros escritos do Novo Testamento. Noutros termos, qual é a identidade do *Logos* do prólogo de João? Trata-se do Verbo enquanto tal ou de Jesus Cristo? Evidentemente, Dupuis afirma a identidade entre o Verbo e Jesus Cristo, mas, ao mesmo tempo, procura fundar a possibilidade de uma ação permanente do Verbo enquanto tal que não seria, apesar de tudo,

---

[62] Ibid., p. 533.
[63] Ibid.

"limitada" pela Encarnação. De fato, pode-se e deve-se estar de acordo com a distinção entre o Verbo enquanto tal e o Verbo encarnado, mas parece-nos permanecer uma dificuldade quando se pensa essa distinção sem compreender bem o que o autor entende por "correlação" e "complementaridade". Eis a questão: em que medida a Encarnação afeta verdadeiramente o Verbo de Deus, isto é, o Filho de Deus? A Encarnação do Verbo de Deus tem um papel a desempenhar na própria definição de Deus? Ou ainda: a Encarnação afeta verdadeiramente o ser de Deus?

Para captar com exatidão o pensamento de Dupuis, é preciso lembrar que ele mantém explicitamente a unidade da pessoa de Jesus Cristo e a dupla natureza, a divina e a humana (verdadeiro homem e verdadeiro Deus). Mas o que está em jogo vai além disso. O próprio Dupuis, com pertinência, recorre à afirmação conciliar de Calcedônia com seus quatro advérbios. Em suma: a união hipostática não está em questão diretamente, pois ele não hesita em afirmar que as duas naturezas, na unidade da pessoa, permanecem distintas. A questão não está, assim, no domínio das naturezas humana e divina, mas na distinção das "operações" e das "vontades". Dupuis recorre ao Concílio de Constantinopla III. Agindo assim, o autor entende poder fundar a possibilidade de distinguir uma "ação humana de Jesus" que é "efetivamente a ação do Verbo" e, ao mesmo tempo, uma "ação divina do Verbo que permanece, no entanto, distinta de sua ação humana".[64] Com efeito, compreende-se bem agora o interesse do teólogo em sublinhar essa distinção, isto é, a possibilidade de identificar a ação "iluminadora e universal" do Verbo àquela do Verbo de que fala o prólogo de João. O Verbo continuaria, portanto, a realizar suas ações que lhe pertencem em razão de sua natureza divina. Mas isso não elucida convenientemente a afirmação do autor quando escreve que "o acontecimento-Cristo, exclusivamente presente que seja, não esgota o poder do Verbo de Deus que se fez carne em Jesus Cristo".[65] De fato, a conclusão a que chega é a seguinte:

> Consequentemente, parece decorrer do dogma de Calcedônia, precisamente, que *a ação divina do Verbo, por sua própria natureza, não pode ser*

---

[64] Ibid., p. 537.
[65] Ibid. p. 538. Esta citação é a retomada do que escreveu no seu livro *Vers une théologie chrétienne du pluralisme religieux*, p. 485.

reduzida ao modo no qual o Verbo se exprime através de sua ação em Jesus. A ação divina do Verbo não está "circunscrita" nem esgotada por sua expressão através da natureza humana, nem "reduzida" a tal expressão. *O dogma cristológico clássico parece, então, confirmar que existe uma ação contínua do Verbo de Deus enquanto tal, para além de todo condicionamento da natureza humana do Verbo-enquanto-encarnado, mesmo no seu estado glorificado*. A ação do Cristo ressuscitado não esgota o poder "iluminador" e "vivificante" do Verbo de Deus, de que fala o prólogo de João.[66]

Aqui uma questão se impõe: se há uma "ação contínua do Verbo de Deus enquanto tal, para além de todo condicionamento da natureza humana do Verbo-enquanto-encarnado, mesmo no seu estado glorificado", como compreender que Cristo agisse sempre indivisivelmente como Deus e como homem sem que sua divindade se colocasse à parte do que faz ou sofre sua humanidade, e vice-versa? Não existe aí o risco de desviar-se da intenção de Constantinopla III,[67] que afirma que todas as obras do Cristo, sejam elas propriamente humanas, sejam propriamente divinas, constituem uma mesma atividade, a da salvação da humanidade inteira? Com efeito, se se mantém a unidade da pessoa do Cristo, não seria, então, legítimo afirmar que se trata de uma mesma atividade teândrica, uma atividade realizada na sua totalidade pela divindade e humanidade de Cristo? Certamente, assim sendo a partir do ponto de vista da pessoa ou do "único agente", como a teologia habitualmente fala. Do ponto de vista da natureza, seria preciso afirmar, evidentemente, que essa ação ou operação é dupla, no sentido de que as duas naturezas completas são dois princípios agentes.

A mesma questão está presente a propósito das duas vontades de Cristo. É necessário afirmar, como o fez Constantinopla III, que o querer de

---

[66] Ibid.

[67] Eis a declaração de Constantinopla III: "Crendo que é um da santa Trindade, também depois da Encarnação, o Senhor nosso Jesus Cristo, nosso verdadeiro Deus, afirmamos que duas são as suas naturezas a resplandecer na sua única hipóstase, na qual, durante toda a sua permanência salvífica entre nós, tanto mostrou os prodígios quanto os sofrimentos, não na aparência, mas verdadeiramente; já que na única e mesma hipóstase se reconhece a diferença das naturezas, porque cada natureza quer e opera *em comunhão com a outra o que lhe é próprio*; e, por esta razão, louvamos também as duas vontades naturais e operações, que *juntas concorrem à salvação do gênero humano*" (*DZH* 558).

Cristo é único, uma vez que não há senão uma pessoa do Verbo encarnado, no entanto o Cristo realiza esse querer em suas vontades completamente unidas. A vontade humana do Cristo é a vontade da qual o Cristo apropriou-se como sua e faz parte de sua hipóstase encarnada e, precisamente, nela e por ela o Verbo exprime seu querer pessoal: a nossa salvação. Não é justamente nesse quadro que se poderia afirmar a *kénosis*? Não há uma espécie de humilhação voluntária do Verbo na Encarnação, na Paixão e morte? Não é precisamente o engajamento do Filho de Deus em pessoa que sofre em sua humanidade? Não são as duas vontades do Cristo que estão aquiescidas num só querer concreto e determinado?

Vemos claramente que Dupuis esforça-se por detalhar suas afirmações. Mas ficamos insatisfeitos com a formulação à qual chegou. Parece-nos que para afirmar a ação contínua do Verbo enquanto tal arrisca-se muito colocar à parte a ação da própria humanidade do Cristo, a que deve ser considerada, parece-nos, como um princípio operativo específico ou um princípio vital de ação, e não uma espécie de objeto passivo. O possível desvio seria reduzir a humanidade de Cristo a um papel meramente instrumental. De fato, essa humanidade não se deixa descartar da ação do Verbo, que – prescindindo da distinção – não é senão a do Verbo encarnado. Por isso, ao contrário de Dupuis, perguntamo-nos se não deveríamos pensar, em teologia cristã das religiões, e mesmo em regime cristão, que de fato a ação do Verbo não existe sem a ação do Verbo encarnado. Elas podem, certamente, ser distinguidas com razão, mas, depois da Encarnação (e mesmo antes desta?), seria possível até mesmo pensar em uma sem a outra? Dito de outra forma: até que ponto é pertinente reconhecer, se nossa interpretação de Constantinopla III for correta, que a perspectiva de Dupuis mantém uma mesma operação teândrica no Cristo? Se se responde pela afirmativa, retomando o vocabulário do teólogo belga, pode-se logo perguntar: em que a ação do Verbo enquanto encarnado poderia prejudicar a universalidade da ação do Verbo enquanto tal? Não é mais correto dizer que a ação do Verbo e a da natureza humana de Cristo concorrem reciprocamente na realização da salvação universal? Ademais, é adequado identificar simplesmente o Verbo de que fala o prólogo de João ao Verbo enquanto tal? Não seria mais correto e mais enraizado no pensamento neotestamentário falar de Jesus Cristo – o Verbo encarnado – como sujeito de tal prólogo? Sem dúvida, errar-se-ia se se pretendesse resolver precipitadamente tal questão, que requer, certamente, uma reflexão demorada. De fato, é uma tarefa que não poderia ser deixada de lado. Por isso é de desejar poder fazer, em outro momento, um estudo de caráter bíblico nessa temática específica.

Em diversas ocasiões no seu artigo "Le Verbe de Dieu, Jésus Christ et les religions du monde", Dupuis emprega algumas expressões sobre as quais vale a pena determo-nos um instante para perguntar sobre seu sentido: "A atualidade permanente e a eficácia universal do acontecimento-Jesus Cristo, *apesar* da particularidade histórica desse acontecimento";[68] "a pessoa é uma, [...] mas a ação das duas naturezas permanece distinta, *apesar* da unidade da pessoa";[69] "a pessoa do Verbo excede a natureza humana de Jesus Cristo, *apesar* da união hipostática";[70] "o Deus que salva por seu intermediário [Jesus Cristo em sua humanidade] permanece além do ser humano de Jesus, mesmo em seu estado glorificado, *apesar* de sua identidade pessoal com o Verbo".[71] O sentido do advérbio "apesar" é o mesmo do dicionário? Seria necessário considerar que a particularidade histórica de Jesus Cristo, a unidade de sua pessoa, a união hipostática são uma espécie de "resistência", de "oposição", de "obstáculo", de "embaraço" para a ação permanente do Verbo de Deus? Ao contrário, não seria melhor pensar a particularidade histórica de Jesus, a unicidade de sua pessoa e mesmo a união hipostática como meio para uma teologia cristã das religiões? Não seria melhor dizer que "a partir da", que "graças à" e mesmo que "através da" humanidade de Jesus Cristo a ação do Verbo de Deus é permanente e atuante? Em suma: há em Dupuis uma preocupação, *a priori* muito louvável, de salvaguardar a ação permanente do Verbo enquanto tal. Mas esse cuidado não o leva a ver na mencionada "centralidade da dimensão encarnacional" da salvação senão uma ameaça que poderia colocar em questão "uma visão positiva das outras tradições religiosas como portadoras de uma ação divina do Verbo

---

[68] DUPUIS, Le Verbe de Dieu, Jésus Christ et les religions du monde, p. 529. Os itálicos são nossos.
[69] Ibid., p. 539.
[70] Ibid., p. 543.
[71] Ibid., p. 541-542.

de Deus em vista da salvação divina?".[72] Eis como o teólogo conclui e resume sua reflexão:

> Não se pode permitir que a centralidade da dimensão encarnacional da economia salvífica de Deus eclipse a presença e a ação permanentes do Verbo de Deus. O poder iluminador e salvífico do Verbo não está delimitado pela particularidade do acontecimento histórico.[73]

Pode-se atribuir a Dupuis, sob certas condições, a legitimidade de sua preocupação a esse respeito, mas pode-se, no entanto, renunciar – com esse pretexto – a procurar as potencialidades intrínsecas do acontecimento total da Encarnação para a salvação nas outras tradições religiosas, sem que isso seja compreendido como uma forma de lhes fazer concorrência? A totalidade do plano divino da salvação para toda a humanidade poderia ser comprometida pelo acontecimento da Encarnação, pela humanidade de Jesus Cristo? Dito de outro modo: a Encarnação pode eclipsar verdadeiramente a presença e a ação permanente do Verbo de Deus? Não há na chamada economia encarnacional, contrariamente ao que se pode pensar, as condições necessárias e as possibilidades reais para fundar uma teologia das religiões verdadeiramente aberta e cristã?

Para terminar esta "conversação" com Dupuis, não seria inútil interrogá-lo sobre o sentido preciso de certas expressões que, do nosso ponto de vista, permanecem problemáticas, apesar do notável esforço do autor para bem fundamentá-las. Ele escreve com muita exatidão que, "se o Verbo permanece Deus, ele continua a agir como Deus", mas logo continua sem raciocínio, assegurando que essa ação se efetua "para além de sua própria ação humana".[74] Essa afirmação é reforçada por uma série de proposições: "A ação humana de Cristo ressuscitado não 'esgota' o poder salvador divino do Verbo"; "deve-se falar de um 'excesso' do Verbo como tal em relação ao Verbo-enquanto-encarnado". Ele explica e justifica, a seguir, que, de fato, a natureza divina transcende a natureza humana, permanecendo unida à pessoa divina. Algumas linhas abaixo, ele insiste na mesma direção: "A ação

---

[72] Ibid., p. 539.
[73] Ibid., p. 544.
[74] Ibid., p. 539.

do Verbo como tal 'ultrapassa' a do Verbo encarnado em sua humanidade glorificada". Estaria aí, para Dupuis, a garantia de uma visão positiva de outras religiões. No entanto, como é preciso compreender esse "excesso" e essa "ultrapassagem" do Verbo como tal em relação ao Verbo enquanto encarnado? Mesmo se se admite – e deve-se admitir – que a natureza divina está sempre agindo, como compreender esse excesso e essa ultrapassagem sem compreender ao mesmo tempo um lado insuperável do Verbo encarnado? Numa teologia cristã pode-se verdadeiramente renunciar à afirmação do aspecto insuperável do acontecimento da Encarnação, entendido como gesto querido pelo próprio Deus? Que aconteceria, então, à concepção da Encarnação? Poder-se-ia atribuir-lhe um verdadeiro papel na própria vida de Deus e na economia da salvação? Mas, se "o Deus que salva por seu intermediário [Jesus Cristo, na sua humanidade] permanece para além do ser humano de Jesus, mesmo em seu estado glorificado, apesar de sua identidade pessoal com o Verbo",[75] então Deus jamais tocou o homem ou, melhor ainda, ele jamais se deixou tocar e afetar verdadeiramente pelo homem?

---

[75] Ibid., p. 541-542.

O Verbo encarnado, sacramento de uma economia mais vasta:
Claude Geffré

Nascido em Niort em 1926, Claude Geffré é um dos teólogos contemporâneos mais conhecidos na França. Entrou na Ordem dos Pregadores em 1948 e fez seus estudos de filosofia e teologia nas Faculdades Dominicanas do Saulchoir. Obteve o doutorado em Teologia no Angelicum de Roma em 1957. A partir desse ano até 1965 lecionou Teologia Dogmática na Faculdade de Teologia do Saulchoir, tornando-se reitor das duas faculdades dominicanas em 1965. De 1968 a 1988 foi professor de Teologia Fundamental no Instituto Católico de Paris, onde ocupou a cadeira de diretor do ciclo de doutorado entre 1973 e 1984. Várias vezes foi professor convidado de faculdades de Teologia no exterior, em Bruxelas, em Quebec e em Friburgo.

Deixando o Instituto Católico por aposentadoria, foi chamado por seus irmãos dominicanos para dirigir a Escola Francesa de Bíblia e Arqueologia, em Jerusalém. Dirigiu essa instituição até o ano 2000.

De 1970 a 2004 foi também diretor da prestigiosa coleção *Cogitatio Fidei*, das Edições du Cerf. Possui numerosas publicações, sobretudo uma impressionante lista de artigos. A obra que o tornou conhecido nos Estados Unidos e em vários países latino-americanos, entre outras, é *Le cristianisme au risque de l'interprétation*, publicado na coleção *Cogitatio Fidei* em 1983.

Na apresentação da obra *Profession théologien*,[1] Gwendoline Jarczyk caracteriza assim o trabalho do teólogo francês:

---

[1] GEFFRÉ, C. *Profession théologien*. Quelle pensée chrétienne pour le XXIe siècle? Paris: Albin Michel, 1999.

Com a paixão pelo rigor, Claude Geffré pretende situar-se nas fronteiras onde o que se chama "Palavra de Deus" entra em contato com as palavras humanas e recebe delas a inteligência que ela requer em cada época e cada conjuntura sociocultural. É o que o caracteriza *profissionalmente*; é, portanto, uma *hermenêutica* infinita. Dito de outro modo: uma *interpretação* que, ao mesmo tempo, traz consigo as palavras da Escritura e os acontecimentos que escandem o desenvolvimento da história.

Nesse conjunto, que poderia ser chamado de hermenêutica teológica, ou, melhor ainda, de "concepção da teologia como hermenêutica", o teólogo francês em muitos artigos se esforça por desenvolver suas intuições para uma teologia cristã das religiões. É por tal teologia que nos interessamos mais nestas páginas. Como procedemos em relação a Jacques Dupuis, Paul Knitter e Aloysius Pieris, examinaremos a questão cristológica na teologia de Geffré, especialmente a do papel da Encarnação nessa teologia.

A teologia como hermenêutica

"A teologia como hermenêutica", escreve Geffré, "não alcança a verdade dos enunciados senão numa perspectiva histórica."[2] A verdade teológica é radicalmente histórica, isto é, os enunciados de fé são sempre verdadeiros, mas sua compreensão depende da capacidade de significação neste ou naquele momento histórico. A exatidão da compreensão dos enunciados de fé está em relação direta com uma "situação hermenêutica".[3] Nesse sentido uma definição dogmática deve ser entendida em relação à situação histórica que a fez emergir. Toda definição dogmática está ligada a uma determinada situação eclesial. Nessa situação o trabalho do teólogo é "discernir o conteúdo permanente da verdade de uma definição dogmática e depois sua função concreta de resposta a um determinado erro".[4] Numa situação eclesial diferente uma definição dogmática pode assumir um sentido novo, sem, no entanto, dizer que seu sentido original é obsoleto. Para Geffré, a verdade

---

[2] Id. *Le christianisme au risque de l'interprétation*. Paris: Cerf, 1983. p. 86. [Trad. bras.: *Como fazer teologia hoje*; hermenêutica teológica. São Paulo: Paulus, 1989.]

[3] Ibid.

[4] Ibid., p. 87.

cristã não pode, portanto, ser entendida como "um núcleo invariável que se transmitiria de século em século sob a forma de um depósito petrificado. Ela é um *devir* permanente ligado ao risco da história e da liberdade interpretativa da Igreja, sob o movimento do Espírito".[5] Nesse sentido, a verdade da teologia é fundamentalmente de caráter histórico, e a tarefa do teólogo é mostrar a "continuidade descontínua" da tradição cristã que se apoia na "verdade originária que se desvelou em Jesus Cristo".[6] Daí o autor coloca a questão: "Dogmática ou hermenêutica?". Ele responde claramente que a teologia hermenêutica não pode ser considerada "*a*-dogmática", isto é, ela não pretende colocar em questão a "legitimidade da teologia dogmática como exposição rigorosa das verdades da fé".[7] Pois a teologia como hermenêutica, naturalmente, não conduz absolutamente a um "relativismo aberto", como alguns leitores poderiam pensar num determinado momento.[8]

Pensar o Cristo como universal concreto

Para Geffré, nomear a Deus hoje é uma tarefa que exige ultrapassar uma concepção metafísica de Deus e, ao mesmo tempo, resistir à tentação de reduzir o Cristianismo à sua simples dimensão ética. O caminho mais plausível para tornar possível esse desafio é pensar o Cristo enquanto "universal concreto":[9]

> Diante da crítica ateia a um Deus fora do mundo e da crítica da religião como alienação do homem, é preciso buscar a conciliação entre a realidade de Deus e a realidade, tentando pensar o Cristo como universal concreto. Se se for até as últimas consequências do realismo da Encarnação como um tornar-se-homem de Deus e como um tornar-se-Deus do homem, dever-se-ia, então, poder compreender como a realidade de Deus se descobre como realidade do homem e vice-versa. Desde que Deus se fez homem em

---

[5] Ibid.
[6] Ibid.
[7] Ibid., p. 89.
[8] Ver: GEFFRÉ, *Profession théologien...*, p. 25.
[9] Expressão atribuída a Nicolau de Cusa, retomada por vários autores posteriormente.

Jesus Cristo, Deus e a realidade estão misteriosamente vinculados – sem ser identificados – no ser de Cristo. Responder a Deus sem responder ao real, isto sim, seria alienação, pois é impossível responder ao real em sua profundidade sem responder a Deus.[10]

Estamos convictos de que seria ingênuo querer deduzir a insuperável novidade da Encarnação de uma ideia de Deus como Absoluto. Por isso, ir às últimas consequências no realismo da Encarnação é compreender o Cristo como "marca concreta" da distância e da diferença entre o mistério irredutível de Deus e sua presença na história dos homens. O Cristo é o lugar-pivô onde se pode articular um acontecimento particular e seu sentido universal. Em suma: a revelação de Deus na concepção cristã realiza-se numa história. Justamente o autor o exprime assim:

> A originalidade do Deus da revelação judeo-cristã é revelar-se numa história, na sua contingência, no concreto. É preciso procurar pensar a relação entre o *Logos* eterno e o acontecimento particular Jesus Cristo. E tal coisa permanecerá sempre um escândalo para a razão. Essa revelação histórica que torna Deus tão próximo do homem é também o que cria maior dificuldade para nossos contemporâneos. Como pretender que o Cristianismo como religião histórica possua o monopólio da verdadeira relação com o Absoluto? E, sobretudo, como fazer depender a salvação de todos os homens desse acontecimento particular e contingente Jesus Cristo?[11]

Para o autor, o universal que não estiver enraizado no particular é um "universal abstrato" e não possui nenhum interesse. O que interessa é saber quem é esse particular com pretensão universal. Trata-se do encontro entre o Absoluto e a história, do eterno e o tempo na pessoa de Jesus Cristo. Evidentemente, interrogar sobre a finalidade universal de um acontecimento histórico e contingente não pode conduzir-nos ao caso de Cristo. Trata-se justamente dessa pretensão inaudita de dizer que "esse particular" está em união com o Absoluto que é Deus.[12] O escândalo da particularidade estará sempre presente no centro da pretensão universal do Cristianismo. Escân-

---

[10] GEFFRÉ, *Le christianisme au risque de l'interprétation*, p. 163.
[11] Ibid., p. 164.
[12] Ver: id., *Profession théologien...*, p. 98-99.

dalo que "gira sempre ao redor do encontro de Deus e da história, ao redor do que é a irrupção do Absoluto dentro da contingência – uma realidade na qual o mistério da Encarnação é a expressão máxima".[13]

Nas entrevistas com Gwendoline Jarczyk, o autor responde a uma questão sobre o sentido da expressão "Deus irrompe na história". Para Geffré, é uma expressão metafórica, cujo sentido profundo é afirmar não somente que Deus está agindo na história, que ele se faz presente na história, mas, sobretudo, que Jesus de Nazaré é o próprio Deus que habita nossa humanidade, pois ele se fez carne, o Verbo se fez carne. O autor explica:

> Utiliza-se a termo "Encarnação" – que não é uma palavra do vocabulário neotestamentário, mas é uma das expressões pelas quais se tenta exprimir esse paradoxo do encontro entre Deus e a humanidade nessa pessoa única que é Jesus Cristo [...]. Se se leva a sério o que pode ser o mistério do Verbo feito carne, creio verdadeiramente numa novidade absoluta.[14]

O autor fala exatamente dessa "novidade absoluta" como o que torna possível "reler a história" como "narração da presença de Deus" nas tradições religiosas. É o que os Padres da Igreja chamaram de "sabedoria das nações". Desse modo, Geffré recorda-nos a doutrina das "sementes do Verbo", especialmente em Justino. Trata-se, precisamente, da presença do Verbo na história do mundo, mas tal presença será reconhecida ulteriormente na tradição cristã como presença do Espírito de Jesus Cristo ressuscitado. Nessa direção o autor, já em 1973, formulava uma série de questões que antecipavam de modo muito lúcido o que hoje se tornou ainda mais urgente:

> Como o Deus eterno pode comprometer-se com a história? Como o Deus infinito pode adquirir um rosto de um homem determinado em Jesus Cristo? Como não ver somente um belo mito nesse Deus que desce do céu, de sua transcendência, para visitar a terra e salvar toda a humanidade ao preço da morte e ressurreição de seu Filho? Como ligar o acesso de todo homem a Deus em todos os tempos a acontecimentos históricos, a uma revelação registrada num texto privilegiado, a uma Igreja particular social e cultural-

---

[13] Ibid., p. 109.
[14] Ibid., p. 113-114.

mente condicionada? Digamos que a mentalidade contemporânea tropeça no positivismo cristão e no positivismo da fé em nome de certo ecumenismo espiritual segundo o qual todas as religiões e todas as místicas valem como experiência do Absoluto.[15]

Evidentemente, a questão que de modo espontâneo vem à mente é a de saber como "assegurar" a credibilidade universal do Cristianismo. O caminho mais fácil é sem dúvida o que conduziria a "separar" o Cristianismo do vínculo com o acontecimento Jesus Cristo. Não obstante, Geffré afirma sem evasivas que "vale mais encarar face a face o escândalo da contingência cristã e nela ver a própria expressão do paradoxo da fé em relação à simples razão".[16] Não se pode "atenuar o escândalo" buscando "interpretações adocicantes" da particularidade histórica do acontecimento Jesus Cristo. De fato, "não será escamoteando a particularidade histórica de Jesus Cristo que teremos alguma chance de assegurar sua universalidade". Ou, mais exatamente ainda: Jesus Cristo não é uma "manifestação privilegiada do Absoluto na história", mas "o próprio Absoluto que se tornou histórico. É nesse acontecimento mesmo que a significação universal da história nos é dada" e que "a história se cumpre realmente".[17] Concluindo, não é preciso "buscar uma universalidade abstrata do Cristianismo, escamoteando a particularidade histórica do acontecimento Jesus Cristo". Somos, portanto, convidados a "acolher o escândalo da Encarnação na adoração da fé", mas é necessário compreender que esta

> fé explícita nas realidades do mistério cristão coincide de fato, em virtude da graça de Deus Salvador que quer a salvação de todos os homens, com a fé implícita de todo homem de boa vontade que procura a Deus à luz de sua consciência ou em outras religiões.[18]

De um lado, não se pode deixar de notar a influência da teologia de K. Rahner no pensamento de Geffré, pelo menos para esse tema. Sabe-se que Rahner é um dos teólogos que tentaram "repensar" a Encarnação de

---

[15] Id. La contingence historique du christianisme comme scandale de la foi. *VS* 599 (1973) 793.
[16] Ibid., p. 795.
[17] Ibid., p. 796.
[18] Ibid., p. 798.

novos modos, saindo, assim, do círculo da lógica da identidade aristotélico-
-tomista. Por outro lado, o teólogo francês reconhece claramente seu recurso à filosofia de Hegel para sustentar "especulativamente" a ideia de um Deus encarnado. É bem conhecido que para Hegel a universalidade não existe senão de uma maneira concreta. A Encarnação do universal é necessária para realmente realizar seu ser. É assim que o contingente e a história não vão ao encontro do inteligível e do universal, ao contrário, o histórico é a possibilidade do universal e do inteligível. Eis como Geffré exprime o fundo do problema:

> O pensamento cristão sempre teve dificuldade para levar a sério a positividade histórica do mistério cristão. Assim, a teologia metafísica, quando procura justificar os mistérios da Criação e da Encarnação, isto é, dos atos mais livres de Deus, está preocupada, sobretudo, com salvaguardar a transcendência de Deus identificada com a imutabilidade do Ser absoluto. Ela insistirá, assim, na impassibilidade de Deus, que, como Ato puro, não é afetado por essas obras contingentes, tais como a Criação e a Encarnação. Logo, pode-se acertadamente perguntar se em tal perspectiva se justifica verdadeiramente a Encarnação como mistério da *kénosis* de Deus.[19]

É verdade que levar a sério a positividade da história e do perecível, "o-que-passa",[20] como gosta de dizer E. Jüngel, é uma tarefa da teologia e da cristologia contemporâneas. Sabemos bem que não se pode fazer teologia fora da história ou, mais precisamente ainda, não se pode nem mesmo pensar Deus sem nenhuma ligação com Jesus de Nazaré. Isso pareceria uma aquisição da teologia contemporânea. No entanto, há muitos exemplos onde se desdenha da economia em nome da transcendência de Deus para procurar uma realidade ou um real (J. Hick, por exemplo) sem nome e sem rosto, fora da história particular de Jesus de Nazaré.

De fato, o autor assegura que a fé em sua incondicionalidade deve confessar que há identificação entre Deus e o homem Jesus de Nazaré.[21]

---

[19] Id., *Le christianisme au risque de l'interprétation*, p. 164-165.
[20] Ver: JÜNGEL, E. *Dieu mystère du monde*. Fondement de la théologie du Crucifié dans le débat entre théisme et athéisme. Paris: Cerf, 1983. t. I-II – t. I, p. 286 et passim.
[21] A identificação de Deus ao homem Jesus de Nazaré é um dos temas que está no centro da teologia de Jüngel. Ver: ibid. – especialmente o capítulo sobre "A humanidade de Deus".

Não é precisamente isso que a Epístola aos Colossenses exprime quando afirma que em Jesus Cristo "habita corporalmente toda a plenitude da divindade"? Ainda que Geffré esteja de acordo com a afirmação de Cl 2,9, ele, muito acertadamente, evita afirmar uma adequação grosseira entre Jesus de Nazaré e a identidade de Deus em si mesmo.[22] Talvez seja o sentido da fórmula de Eberhard Jüngel quando afirma uma "distinção entre Deus e Deus"?[23] Seguramente Claude Geffré caminha nessa mesma direção, pois, para ele, há uma distância entre Deus em seu impenetrável mistério e a identificação de Deus com esse homem, o homem de Nazaré, chamado Jesus. De fato, é precisamente isso que constata com muita exatidão num artigo:

> A novidade radical do Cristianismo como religião da Encarnação é que a divindade não se contenta em revestir-se de uma aparência corporal, mas encarna-se realmente, ela mesma se faz corpo, assumindo, assim, essa condição inerente ao corpo que as outras religiões tendem a excluir do divino como indigna de sua majestade, tais como o sofrimento, a vulnerabilidade e a morte. Isso é um escândalo para o Judaísmo, mas é também uma loucura para o helenismo que concebia a condição corporal da divindade como aparência passageira. Em Jesus Cristo Deus se faz não somente corpo, mas carne. "O Verbo se fez carne" (Jo 1,14) [...]. A lição maior da Encarnação é, ao mesmo tempo, a afirmação da infinita vulnerabilidade de Deus e a imediata dignidade do corpo humano.[24]

Certamente, não é novidade falar da Encarnação como *kénosis* de Deus. É um tema bíblico que nos acompanha desde a fé das primeiras comunidades cristãs. No entanto, pode-se já entrever aí as consequências teológicas quando a Encarnação é pensada como um mistério do esvaziamento e rebaixamento de Deus. Tal rebaixamento chegará, evidentemente, até o rebaixamento da cruz. Aí Geffré tem bastante razão ao nos lembrar o realismo da Encarnação como *kénosis*.

---

[22] GEFFRÉ, *Profession théologien...*, p. 133.
[23] JÜNGEL, *Dieu mystère du monde...*, t. II, p. 215.
[24] GEFFRÉ, C. Le corps comme icône de la passion de Dieu et de l'homme. In: BOSS, M.; PICON, R. (dir.). *Penser le Dieu vivant*. Mélanges offerts à André Gounelle. Paris: Van Dieren Editeur, 2003. p. 47-48.

Unidade da história e Encarnação

Afirmar o sentido teológico da história total da humanidade é certamente arriscado. No entanto, Geffré sugere elaborar uma "teologia da responsabilidade histórica" dos cristãos. Menos do que uma "teologia da história" simplesmente, a questão é elaborar uma "teologia da práxis cristã".

Para Geffré, a história humana permanece essencialmente ambígua, por isso mesmo não se trata somente de interpretá-la, mas de transformá-la. Nisso o autor se inspira diretamente em alguns teólogos da libertação. Mas aqui está a questão decisiva: "Deve-se concluir", escreve Geffré, "por uma dicotomia intransponível entre história da salvação e história profana?".[25] O autor tenta permanecer numa posição intermediária entre os que preconizam uma "descontinuidade absoluta" (K. Barth, R. Bultmann e, mais recentemente, H. U. von Balthasar) e os que, ao contrário, preconizam uma "continuidade" (alguns discípulos de Teilhard de Chardin). De um lado, com propriedade, ele critica a posição de Balthasar, a de separar muito abruptamente a história profana e a história da salvação como corolário de uma secularização crescente da história e uma espiritualização da história da salvação. De outro lado, na segunda tendência, e também com pertinência, ele critica a visão teológica (e não escatológica) da história, pois esta visão concebe "a relação entre a salvação escatológica e a construção do devir no tempo histórico como determinada de maneira unívoca, como que seguindo uma linha única e uma confusão entre a evolução do mundo natural e a história das liberdades".[26]

Para Geffré, seria necessário colocar em evidência que

> a "mundanização" é uma consequência da pregação do Evangelho que ensina a considerar o mundo e a história não como uma potência numinosa e um destino cego, mas como uma tarefa, como lugar de nossa responsabilidade: a pregação do Evangelho será o antidestino da história.[27]

---

[25] GEFFRÉ, *Le christianisme au risque de l'interprétation*, p. 201.
[26] Ibid., p. 200.
[27] Ibid., p. 201.

É aí que a Encarnação possui um papel central: a aliança definitiva de Deus com a história dos homens. Pela Encarnação Deus engajou-se e comprometeu-se de modo definitivo com a história, história dos homens. Isso quer dizer que não é preciso considerar a ação de Deus na história na ordem da intervenção miraculosa. A história das liberdades não está de forma alguma suspensa. Deus está presente na história para "conduzir todas as coisas a seu cumprimento. Mas não se trata de um termo histórico. A morte foi vencida, mas em esperança – não dentro da história".[28] Certamente, não é necessário supor que haveria nessa última afirmação uma recusa a "certa", e mesmo necessária e urgente, reconciliação na história. É o esforço feito por tantas teologias da libertação para lembrar-nos a importância de uma libertação histórica, sem renunciar a uma reconciliação final provocada pela esperança.

A própria ideia de certa reconciliação histórica ou "certa realização das promessas proféticas tem seu fundamento no mistério da Encarnação".[29] De fato, a humanização de Deus realiza-se em Jesus Cristo e torna possível compreender o homem como "mediação real da relação com o Absoluto".[30] O engajamento de Deus na história passa ao primeiro plano. Na relação entre Deus e o homem, opera-se uma Aliança radical e indelével. Assim, o "sobrenatural" está intimamente ancorado no homem e na história.

Escreve Geffré:

> A humanização de Deus inseriu no mundo uma finalidade objetivamente "sobrenatural", ou última, da tarefa humana. Poder-se-ia dizer que de agora em diante não há mais senão história profana. Mas desde a Encarnação nós sabemos que essa história é a mediação e a verificação da relação com o Absoluto. Toda ordem cultual e sacramental cai na insignificância se a história não for mais pensada como tarefa a realizar.[31]

Mais adiante o autor coloca-nos vigilantes contra uma concepção linear e excessivamente cronológica da história da salvação:

---

[28] Ibid.
[29] Ibid., p. 203.
[30] Ibid.
[31] Ibid., p. 204.

O que se diz do Cristo, Verbo encarnado, é necessário dizer também do Espírito do Cristo ressuscitado. Há uma história do Espírito que transborda o quadro da história de Israel e da história da Igreja e que transborda também o quadro das grandes religiões do mundo. Pelo menos na ordem das representações, nós somos prisioneiros de uma concepção linear da história da salvação na qual o Cristo seria o resultado em vista de uma nova partida. E o judeo-Cristianismo de certa teologia ocidental correria o risco de fazer-nos crer que a religião cristã é um simples alargamento da religião judaica. Seria desejável reencontrar a concepção ontológica e não historicista da história da salvação que fala de uma Economia do mistério de Deus no Cristo e no Espírito.[32]

Reencontrar uma concepção não historicista da história da salvação é para o autor a condição de possibilidade para colocar em evidência uma compreensão da Igreja como "sacramento da salvação" para todos os povos. Do mesmo modo, se há uma história do Espírito que transborda o quadro da história de Israel e da história da Igreja e que transborda também o quadro das grandes religiões do mundo, é possível considerar a comunhão do corpo eucarístico do Senhor Jesus, entendido como "sacramento de uma pertença invisível ao Cristo, que transborda as fronteiras da Igreja visível e pode coincidir com a pertença a grandes religiões não cristãs ou mesmo a ideologias seculares".[33]

Singularidade do Cristianismo e singularidade do Cristo

O autor tem razão ao nos lembrar, de um lado, que "no interior da Igreja aconteceu muitas vezes a tentação de atribuir um caráter absoluto ao Cristianismo como religião histórica a partir do caráter absoluto do acontecimento Jesus Cristo como manifestação histórica do absoluto de Deus". Igualmente constata que, "em virtude do caráter humano-divino de Cristo, a Igreja histórica imaginou-se, no meio dos homens, entre outras religiões

---

[32] Ibid., p. 311.
[33] Ibid., p. 312.

ou sabedorias, como grupo portador da verdade absoluta, e agiu fundamentada nessa persuasão".[34] Por outro lado, diz ele, "hoje nós temos uma consciência mais viva da particularidade histórica do Cristianismo que não inclui todos os valores explicitados em outras religiões ou outras sabedorias espirituais".[35] Ou, ainda, o autor lembra-nos de que

> nós temos também uma consciência mais viva de certa falha da missão universal do Cristianismo e constatamos que essa pretensão universal é contrária à prática histórica de Jesus, pois Deus, revelando-se em Jesus, não absolutiza uma particularidade: significa, ao contrário, que nenhuma particularidade histórica é absoluta.[36]

Evidentemente, em Geffré o reconhecimento da particularidade histórica do Cristianismo não se opõe à afirmação de fé na universalidade da mediação de Cristo. Do mesmo modo, não é também oposta à afirmação da importância da missão da Igreja. Essa não oposição está fundada, certamente, na Encarnação: "É enquanto *Universal concreto*, quer dizer, Deus feito homem, que Jesus é universal". O autor afirma sem rodeios que "Jesus não é uma mediação dentre outras do Absoluto que é Deus. Ele é o próprio Deus que se tornou histórico". Por conseguinte, o que é afirmado do Cristo não pode simplesmente ser transposto ao Cristianismo histórico. Isso seria confundir os níveis de discursos e poderia levar a mal-entendidos. De fato,

> o Cristianismo não tem o monopólio da ação salvadora de Deus: a graça é oferecida a todos os homens segundo os caminhos conhecidos somente por Deus. A Igreja, como realidade histórica, não possui o monopólio dos sinais do Reino; Deus é maior do que os sinais históricos pelos quais manifestou sua presença.[37]

Num de seus artigos mais citados, Geffré tenta pensar a fé cristã diante da "pluralidade de fés religiosas".[38] Depois de ter indicado a importância

---

[34] Ibid., p. 226.
[35] Ibid., p. 227.
[36] Ibid.
[37] Ibid.
[38] Parece-nos pertinente fazer uma distinção entre esta expressão e a do "pluralismo religioso". Pensamos que não são duas expressões equivalentes. A primeira expressão refere-se à pluralidade de

do diálogo inter-religioso para a teologia, começa por um pressuposto capital para a teologia cristã das religiões. Assim, afirma com pertinência que, "se o Cristo não for senão um mediador dentre outros e não a manifestação definitiva de Deus para todos os homens e todas as mulheres, já teríamos dado adeus à fé cristã".[39] Esse pressuposto pretendia não negligenciar a identidade cristã, levando a sério os desafios da pluralidade de crenças religiosas e o diálogo inter-religioso. Nesse sentido, o autor não está seguro de haver uma resposta teológica adequada que leve a sério as implicações do diálogo inter-religioso sem sacrificar a identidade cristã.

Para entrar no debate no campo da teologia das religiões, Geffré mantém, portanto, a "normatividade da cristologia". Para ele, isso é possível: "É a partir do próprio *centro* da mensagem cristã, isto é, a manifestação de Deus na particularidade histórica de Jesus de Nazaré, e a partir da prática do Jesus crucificado, que é preciso demonstrar o caráter necessariamente *dialogal* [e não totalitário] do Cristianismo".[40] O autor convida-nos a considerar as condições e as dificuldades do diálogo inter-religioso antes de pensar o que constitui a singularidade cristã. Ele espera chegar a refletir sobre um modelo de diálogo entre o Cristianismo e as religiões, sem exclusão nem inclusão.

O autor considera necessário fazer uma passagem – sem renunciar ao primeiro termo – do ecumenismo entre confissões cristãs ao ecumenismo entre religiões. Nesse sentido, o ecumenismo não pertenceria somente à eclesiologia, mas seria uma dimensão necessária a toda reflexão teológica. Nessa mesma lógica, a pluralidade de crenças religiosas tornar-se-ia o horizonte da teologia cristã.

O que está em jogo na pluralidade intransponível das crenças religiosas é a verdade do Cristianismo. De fato, é preciso perguntar-se se essa pluralidade pertence à própria vontade e desígnio de Deus. Para Geffré,

---

religiões ou à pluralidade de crenças religiosas, enquanto a segunda expressão faz alusão a uma opção teológica ("o pluralismo religioso") ou a uma teologia concreta, a saber: a "teologia pluralista das religiões".

[39] Ver: GEFFRÉ, C. La singularité du christianisme à l'âge du pluralisme religieux. In: DORÉ, J.; THEOBALD, C. (dir.). *Penser la foi. Recherches de théologie aujourd'hui. Mélanges offerts à Joseph Moingt*. Paris: Cerf, 1993. p. 351.

[40] Ibid., p. 352.

assim como a vontade salvífica universal de Deus alcança todos os homens, a pluralidade das religiões "é um destino histórico permitido por Deus, cuja significação última nos escapa".[41]

Segundo o autor, a pluralidade de crenças religiosas, compreendida como princípio e não somente de fato, não compromete de forma alguma a unicidade do Cristianismo enquanto religião da graça e da identificação do verdadeiro rosto de Deus. Certamente, a dificuldade central reside no fato de poder manter juntos o princípio da vontade salvífica universal de Deus e o princípio da unicidade da mediação do Cristo. Será necessário, portanto, procurar pensar a intransponível pluralidade das crenças religiosas em Deus sem sacrificar a singularidade cristã.

Geffré assinala três condições necessárias para o diálogo inter-religioso: (a) respeitar a alteridade do interlocutor em sua própria identidade; (b) definir-se a si mesmo a partir de certa identidade cultural e religiosa, isto é, ter fidelidade a si mesmo; (c) procurar certa igualdade entre parceiros.

No contexto de uma pluralidade de crenças religiosas e de uma "pluralidade de verdades", é preciso pensar o absoluto como *absoluto relacional*, isto é, acima do absoluto de exclusão e inclusão. Isso não leva de modo algum ao relativismo. Não se deve confundir a verdade do Cristianismo com sua superioridade. O Cristianismo poderá, então, ser concebido como uma realidade e uma unicidade relativas no sentido relacional. O autor conclui:

> Não podemos sacrificar essa identificação de Deus [do Deus pessoal na humanidade de Jesus de Nazaré] em proveito de uma transcendência indefinível, erodindo a própria singularidade da fé. Mas é justamente a partir dessa unicidade da manifestação de Deus que é necessário mostrar como o Cristianismo estabelece uma relação necessária às outras religiões no que elas possuem de irredutível.[42]

Para que o Cristianismo possa superar sua autocompreensão como religião absoluta, ele deve refletir mais sobre a relação entre Judaísmo e

---

[41] Ibid., p. 354.
[42] Ibid., p. 359.

Cristianismo. É preciso pensar a partir do irredutível de Israel, o irredutível de outras tradições religiosas. Noutros termos: "É preciso pensar o cumprimento das Escrituras como uma novidade que não abole o que há de irredutível no Primeiro Testamento. O Novo Testamento deve, ao contrário, ser compreendido como consciência do que falta ao Antigo para chegar à plenitude".[43] Somos, portanto, convidados a reinterpretar e a repensar o conceito e a teologia do cumprimento em termos de deslocamento, de distância, de separação, de ruptura e conversão. Tanto o Judaísmo quanto o Cristianismo devem considerar um *tertium quid*, outro que não seja nem judeu nem cristão.

O Cristianismo, portanto, não integra nem substitui as riquezas autênticas das outras religiões. Nesse sentido toda síntese não pertence senão a Deus, para além da história. É preciso compreender o Cristianismo como religião que possui uma exigência de diálogo e também uma "carência", ao mesmo tempo em que é chamado, de modo inato, a uma relação com o que ele não é. Geffré conclui: "O cristão deve renunciar a toda pretensão de verdade absoluta precisamente porque confessa Jesus Cristo como absoluto, quer dizer, como plenitude escatológica que não será jamais adequadamente revelada na história".[44] Trata-se claramente do que se chama de "reserva escatológica" inerente à própria fé cristã. Evidentemente, essa afirmação deve ser entendida também no sentido de que toda religião e toda figura religiosa conserva um elemento irredutível, pois ela pode ser animada pelo Espírito. Enfim, segundo o autor, há uma "revelação diferenciada" de Deus, isto é, "todas as religiões estão atualmente implicadas na Palavra pessoal de Deus e pertencem à misteriosa economia de seu Desígnio".[45]

O paradoxo da Encarnação

Como vimos, Geffré mostra claramente a distinção entre a Igreja e o Reino de Deus e, desse modo, a distância entre o Cristianismo enquanto religião histórica e a plenitude do Cristo. Isso é um convite a reconhecer a

---
[43] Ibid., p. 361.
[44] Ibid., p. 363.
[45] Ibid., p. 364.

não catolicidade da Igreja terrestre, ou seja, a admissão da irredutibilidade das formas religiosas do mundo. O autor chama-nos para não misturar "a particularidade do Cristianismo como religião histórica com a particularidade do Cristo como mediação do Absoluto na história".[46] Nesse sentido o Cristianismo é chamado a mostrar sua vocação universal "aceitando plenamente sua particularidade histórica na fidelidade ao 'escândalo' do tornar-se-homem de Deus em Jesus de Nazaré".[47]

O escândalo do Cristianismo será sempre a indissolubilidade entre a presença de Deus e o acontecimento Jesus Cristo, que, dito de outra forma, é a "unicidade de excelência". Esse escândalo e essa pretensão não podem ser atenuados. Ao contrário, será preciso tentar fundar o caráter dialogal e não imperialista do Cristianismo no próprio centro da fé cristã: o mistério da Encarnação no seu sentido mais realista. Será necessário apreciar as questões do Cristo considerado como "universal concreto". Eis uma fórmula muito acertada e eloquente utilizada pelo autor já na sua coletânea de artigos de 1983: "É justamente enquanto Jesus de Nazaré que Cristo é o Senhor do mundo; e enquanto mensagem particular sobre Deus e sobre o homem que o Evangelho é uma Boa-Nova para todos os homens".[48]

O teólogo distingue entre "o elemento histórico e contingente de Jesus de seu elemento 'Crístico' e divino".[49] O que ele chama de "a lei da Encarnação" impede pensar que Jesus contenha toda a história das manifestações de Deus. Naturalmente, adverte que não afirma que haja mais no Cristo-*Logos* do que no Jesus histórico. Ele sustenta, portanto, a noção de dissociabilidade do Verbo e do homem Jesus. Mas, ao mesmo tempo, afirma que a humanidade particular de Jesus não pode traduzir adequadamente a plenitude do Cristo glorificado. Geffré aplica nessa ocasião o "sem confusão e sem mudança" de Calcedônia. Segundo o teólogo, nós estamos aptos a dizer que a economia do Verbo encarnado é o sacramento de uma economia mais ampla: o Verbo eterno de Deus que coincide com a história religiosa da humanidade. Noutros termos: será necessário dizer que há uma espécie

---

[46] Ibid.
[47] Ver: GEFFRÉ, *Le christianisme au risque de l'interprétation*, p. 308.
[48] Ibid., p. 309.
[49] Id., La singularité du christianisme à l'âge du pluralisme religieux, p. 365.

de "reserva apofática", isto é, não há adequação entre a humanidade particular de Jesus de Nazaré e a plenitude inexprimível do mistério de Deus.[50]

Ao contrário do que é afirmado por alguns teólogos das religiões, manter o caráter normativo da cristologia é essencial no diálogo inter-religioso. Esta é uma afirmação paradoxal? De fato, para o autor, somente a partir da compreensão do Cristianismo como religião da Encarnação é que se pode fundar sua natureza dialogal. A diferença cristã é o ponto de partida para iniciar a desabsolutização do Cristianismo. Pode-se dizer que "o Cristianismo não é jamais *sem* os outros".[51] Por isso a pluralidade de crenças religiosas é uma questão de princípio para o autor.

Assumindo a fórmula de Tillich, "o Cristo é Jesus e a negação de Jesus", Geffré quer superar a concepção do Cristianismo como "unicidade de excelência e de integração". A cruz, o túmulo vazio, a ausência do corpo, a dimensão *kenótica* fundam a "consciência de uma ausência" como condição de possibilidade de uma relação com o outro, com o estrangeiro, com o diferente.[52] Nesse sentido, com Stanislas Breton, Geffré prefere falar "de unicidade relativa" do Cristianismo, entendida como "unicidade de um devir". A identidade cristã deve ser superada no sentido de que seu ser-para-si não tenha consistência senão no seu ser-para-os-outros. Para o autor, "o Jesus particular e único está em *sursis* de universalidade. Trata-se de fazer existir o que falta ao agir do Cristo".[53]

Por outro lado, na sua entrevista com G. Jarczyk, tratando da filiação de Jesus Cristo, o autor lembra a doutrina clássica que afirma sermos filhos de Deus em Jesus Cristo por adoção e não por natureza. Consequentemente, nele somos herdeiros de Deus. Ora, à pergunta colocada por sua interlocutora: "O senhor chegaria a dizer que o Cristo veio para revelar-nos que somos Deus? A natureza humana é em si múltipla, mas una. Se Jesus Cristo é dessa natureza humana, nós ficamos absorvidos [...] por sua filiação". O autor principia a resposta lembrando a teologia patrística da natureza:

---

[50] Ibid., p. 366.
[51] Ibid.
[52] Ibid., p. 368.
[53] Ibid., p. 369.

Eu a compreendo como afirmação de hipóstase única da humanidade à qual participariam todos os homens em sua particularidade [...]. Se em Cristo a humanidade em sua essência já foi assumida, então os que participam dessa essência são também divinizados.[54]

Evidentemente, o autor não chega a ponto de dizer, no sentido de um Mestre Eckhart, que "Deus assume a natureza humana e a une à sua pessoa. A natureza humana torna-se Deus, pois ele assumiu a natureza humana nua e não um homem".[55]

Uma conversa com Claude Geffré: algumas questões

Geffré é, seguramente, um dos teólogos que em teologia cristã das religiões possui uma abordagem muito equilibrada. Não realizou grandes desenvolvimentos, mas escreveu vários artigos que de uma forma sintética apresentam bem sua posição no debate atual sobre teologia das religiões. É desejável que ele faça um desenvolvimento mais completo no futuro. Cremos que as intuições que ele apresenta atingem a maioria dos problemas atuais em teologia das religiões e também lhes oferecem vários caminhos de abertura. Nele encontramos vários pontos concordantes com nossas intuições pessoais, algumas delas apresentadas no capítulo seguinte desta obra.

A decisão de Geffré manter uma "cristologia normativa" na teologia das religiões é capital para interpretar seu pensamento. De fato, se nos fosse necessário classificar o autor como teólogo das religiões, seria preciso considerá-lo como inclusivista ou seria preciso encontrar outra qualificação para

---

[54] Id, *Profession théologien...*, p. 133-134.
[55] MAÎTRE ECKHART. *L'étincelle de l'âme*. Sermons I à III. Paris: Albin Michel, 1998. Tomás de Aquino não concordaria plenamente com Mestre Eckhart. Tomás pergunta: "Devia o Filho de Deus assumir a natureza humana abstrata de todos seus indivíduos?". A resposta é a seguinte: "Apesar de que a natureza humana não foi assumida no concreto, [...] ela, no entanto, foi assumida em um indivíduo, já que foi assumida para existir em um indivíduo". Ver: *Summa theologica* III, q. IV, a. 5. De igual modo, parece que Henri Suso também não concordaria com Mestre Eckhart, pelo menos nesse ponto. Suso insiste na unicidade da pessoa de Cristo na obra da salvação, mesmo se ela é pensada apenas no plural. Como for, para Suso se trata sempre de uma natureza humana individual. Ver: SUSO, H. *Le petit livre de la Vérité*. Paris: Belin, 2002. p. 49-75.

precisar sua posição? Num artigo da *Revue de Théologie de Louvain*, ele qualifica sua posição como "exclusivismo constitutivo",[56] diferentemente de um "exclusivismo normativo, mas não constitutivo". Seja como for, há pouco interesse em deter-se em tais considerações. Hoje sabemos bem que todas essas classificações não são fundamentais para uma teologia cristã das religiões. Elas puderam iluminar-nos num ou noutro momento, mas agora podem ter o inconveniente de apresentar-nos caricaturas e mesmo atrapalhar o acesso ao âmago do debate contemporâneo.

A avaliação da teologia de Geffré é um tanto delicada, pois ela não está ainda totalmente desenvolvida. Ela possui um estilo breve, belas fórmulas, sugestões eloquentes. O autor escolheu, pelo menos até o presente, fazer teologia através de artigos. Sua obra, por isso, necessariamente, tem muitas repetições. Se a grande vantagem em fazer teologia respondendo a necessidades eclesiais e pastorais urgentes é produzir textos plenos de vida e de intuições, que tocam diretamente temas controvertidos, a grande desvantagem é, certamente, não se poder organizar todas as vertentes de intuições senão numa "sistemática", pelo menos numa obra que permita aprofundar com proveito, de beber em seu próprio poço. O *Traité fondamental de la foi* de Karl Rahner, nesse caso, é um exemplo. Em todo caso, o mínimo que se pode dizer da teologia de Claude Geffré é que ela é eloquente e, talvez, que ele tenha escolhido a melhor maneira de fazer teologia hoje. Quem disse que o resultado de um pensamento teológico deva ser necessariamente sistemático? No entanto, é desejável que ele nos ofereça algo conciso. Talvez tenhamos a felicidade de ver um dia publicada uma obra em que o autor retome todas as suas ricas intuições com a coerência que um trabalho de tantos anos exige.[57]

---

[56] GEFFRÉ, G. Le pluralisme religieux et l'indifférentisme, ou le vrai défi de la théologie chrétienne. *RTL* 31 (2000) 19.

[57] O autor publicou *De Babel à Pentecôte. Essais de théologie interreligieuse*, mas trata-se também de uma coletânea de artigos publicados anteriormente, mesmo se são apresentados alguns textos inéditos. Nesta obra Geffré retoma uma afirmação constante de sua obra: "Devemos desabsolutizar todas as religiões, incluído o Cristianismo. Trata-se de mostrar que a verdade que testemunha o Cristianismo não é exclusiva nem inclusiva, mas relativa ao que existe de verdadeiro nas outras religiões". Ver a recensão de COMEAU, G. De Babel à Pentecôte. Essais de théologie interreligieuse. *Études* 4051-2 (juillet./août 2006) 139.

Apesar dessa constatação, pode-se interrogar o autor sobre alguns pontos, para melhor compreendê-los, para completá-los e fazer aparecer toda sua riqueza, e para lhe endereçar uma ou outra questão.

Inicialmente, é preciso reconhecer que encontramos em Geffré um interlocutor importante. Em suas afirmações achamos expressas de forma transparente muitas questões que guiaram nossa própria reflexão. De fato, a temática central que escolhemos trabalhar nesta obra cruza-se em muitos pontos com o pensamento do teólogo francês.

Geffré afirma que "a economia do Verbo encarnado é o sacramento de uma economia mais ampla, a do Verbo eterno de Deus que coincide com a história religiosa da humanidade".[58] Como é preciso compreender essa coincidência? Com tal afirmação o autor coloca em questão a pretensão cristã de unicidade? Na medida em que a economia cristã do Verbo encarnado é compreendida como "sacramento" de uma economia mais ampla que é coextensiva à própria história da humanidade, Geffré não vê nenhuma contradição entre a afirmação de uma pluralidade de religiões "de princípio" (e não somente "de fato") e a pretensão cristã de unicidade.[59] Pudemos compreender que, para o autor, o sentido dessa afirmação é dizer que a história dos homens desde seu princípio não é uma história abandonada à sua própria sorte, mas uma história perpassada pela ação salvífica de Deus. Sem dúvida, Geffré estaria de acordo em ver em Hb 1,1-3 a expressão de seu pensamento. No entanto, para compreender melhor o seu discurso, nessa história "una", como a entende Karl Rahner, história dos homens na sua unidade com a história da salvação, que é que esteve sob o sinal da ação salvífica do Verbo de Deus enquanto tal? Muito claramente o autor afirma que essa história esteve sob o sinal da presença "latente" do Cristo, pois o Espírito de Deus agente desde o princípio é já o Espírito do Cristo ressuscitado.[60] Então, o autor estaria de acordo em afirmar que essa ação salvadora na história una, desde o princípio, pelo menos pensada da parte de Deus, é exatamente a ação do Verbo encarnado? Do mesmo modo, quando ele fala da ação do Espírito de Cristo ressuscitado como agente desde o princípio,

---

[58] GEFFRÉ, La singularité du christianisme à l'âge du pluralisme religieux, p. 366.
[59] Ver: id., *Profession théologien...*, p. 139.
[60] Ibid., p. 140.

aceitaria falar da ação do Verbo "encarnado" desde o princípio? De fato, para nós o Espírito do Cristo ressuscitado não é senão o Espírito do Cristo, Verbo encarnado, que ressuscitou dos mortos. A questão de fundo é saber como Geffré compreende o papel da humanidade do Cristo nessa história única de salvação. Evidentemente, o autor afirma corretamente que o Verbo encarnado é o sacramento de uma economia mais ampla, mas parece-nos ser preciso ao menos saber se no Cristianismo pode-se distinguir realmente, ou até mesmo separar, a economia do Verbo encarnado de outra "mais ampla". O que é essa economia "mais ampla"? É a economia do Verbo enquanto tal? Com isso não seríamos forçados a ver na Encarnação senão algo que não afetaria o próprio ser de Deus? Que se tornaria a compreensão do Cristo, Verbo encarnado, como uma hipóstase composta? Colocando-nos na esfera de Deus, podemos afirmar seriamente uma economia mais ampla do que a do Verbo encarnado? Certamente, do nosso ponto de vista, há um antes e um depois da Encarnação. Um antes, quando o Verbo de Deus não tinha ainda se encarnado, e um depois, quando o Verbo encarnado é confessado como ressuscitado. Por esse ângulo, é verdade, pode-se imaginar um retorno no tempo e explicar que há uma economia mais ampla do que a do Verbo encarnado. Mas, se nos colocarmos, a modo de um Pannenberg, num ponto de vista retrospectivo que vá da Ressurreição ao começo da história da salvação, não seríamos autorizados a pensar que é exatamente o Cristo, Verbo encarnado e ressuscitado, que age desde o início? Ademais, assim que Geffré fala da "cristianidade" da história, essa espécie de existencial crístico da história, não quer dizer com isso que, efetivamente, a história é atravessada por Cristo, perpassada pela ação crística? Resta, ainda, saber se o Cristo, esse Cristo que funda a "cristianidade" de toda a história, pode ser outro que não o Verbo encarnado.

 Ora, essa pretensão do Cristianismo, essa forma de ver a ação do Verbo encarnado extensivo a toda a história não cai numa lógica que se poderia qualificar como totalitária e imperialista? Não seria intolerável em relação às outras religiões e crenças? Não seria compreender a ação de Deus em oposição a toda tentativa de diálogo inter-religioso? Se a condição primeira de todo diálogo é a igualdade dos parceiros, esse modo de ver tão particular não nos coloca, já de início, numa posição de superioridade? Reconhecemos que são questões arriscadas. No entanto, parece-nos que considerar outra concepção teológica não seria jogar com todas as cartas na mesa. Retomaremos essas questões no capítulo seguinte de nossa reflexão. No momento, quisemos unicamente conversar com Claude Geffré. Partindo de sua própria compreensão, tentamos avançá-la por nossa conta, assumindo toda a responsabilidade nesse empreendimento. Fundamentalmente, quando o autor escreve que,

> em vez de afugentar o escândalo da Encarnação como encontro do absoluto com o relativo, é no aprofundamento desse encontro que é possível assegurar a universalidade do Cristo e, consequentemente, do Cristianismo – evitando ao mesmo tempo o obstáculo de um imperialismo do ponto de vista das atitudes concretas dos cristãos diante de seus interlocutores não cristãos,

ele traça um verdadeiro projeto teológico. Encontramos aí reflexos de nossa própria intuição. O que nos propomos é prosseguir nessa linha conduzindo-a a seu termo.

Por conseguinte, estamos bem menos inclinados a caminhar no sentido de Geffré quando ele entende a tarefa central da teologia cristã das religiões em termos de saber se a pluralidade de religiões é "de fato" ou "de princípio". Exprimindo de outra forma: se a pluralidade de fé religiosa pertence ou não ao desígnio de Deus. Parece-nos que pouco importa debruçar-se sobre tal questão, pois pretender sondar os desígnios de Deus pode conduzir-nos a impasses insolúveis. Para nós, a tarefa central da teologia "cristã" das religiões – não do diálogo inter-religioso – é pensar a mensagem cristã (o acontecimento da Encarnação, entre outros) levando a sério o "mistério" da pluralidade de religiões.[61] Em suas entrevistas com

---

[61] Para Geffré, certamente, "a pluralidade de caminhos que levam a Deus é sempre um mistério que nos escapa. Mas é essa justamente a nova tarefa da teologia: interpretar um pluralismo religioso aparentemente instransponível à luz do que sabemos da vontade universal de salvação de Deus [...]. Ao parecer é legítimo interpretá-lo como um pluralismo que corresponde a um desígnio misterioso de Deus. Isso não leva a colocar em questão a unicidade da mediação de Cristo. Mas convida-nos a tirar o caráter absoluto do Cristianismo enquanto religião histórica e a não confundir sua universalidade com a do mistério de Cristo [...]. É o paradoxo mesmo da Encarnação, isto é, a presença do Absoluto de Deus na particularidade histórica de Jesus de Nazaré o que nos leva a não absolutizar o Cristianismo". Ver: La crisis de la identidad cristiana en la época del pluralismo religioso. *Concilium* 311 (junho 2005) 305.

G. Jarczyk, o autor lembra que para Raimon Panikkar "Jesus de Nazaré não é senão uma Encarnação possível de um Cristo preexistente em dimensões ao mesmo tempo cósmicas e históricas". Acrescenta Geffré que Panikkar

> dirá o que é justo, ademais, que o mistério do Cristo não esteja esgotado pela humanidade de Jesus de Nazaré. Estou de acordo com isso [...]. O que, no entanto, é típico nele, e teologicamente difícil de admitir, é que parece que Jesus de Nazaré não seja senão a manifestação privilegiada do mistério cosmoteândrico do Cristo [...]. Creio que, desse modo, arrisca-se a passar ao longe do verdadeiro escândalo da Encarnação.[62]

Sem dúvida, em certo sentido, o teólogo francês não se equivoca em pensar que o mistério do Cristo não se "esgota" na humanidade de Jesus de Nazaré. Mas seria necessário perguntar sobre o sentido exato de suas afirmações quando escreve, por exemplo, que não podemos

> identificar o elemento histórico e contingente de Jesus e seu elemento "Crístico" e divino [...]. Jesus não cerra a história das manifestações de Deus [...]. Para nós, a humanidade particular de Jesus não pode ser a tradução adequada das riquezas contidas na plenitude do Cristo glorificado.

Todas essas afirmações necessitariam ser mais bem "elucidadas".

Nesse quadro, se considerarmos a posição teológica de Tillich e suas fórmulas cristológicas, podemos distinguir certa ligação com o pensamento de Panikkar. De fato, Paul Tillich recusa a afirmação de uma adequação perfeita entre Jesus de Nazaré e a realidade chamada "Cristo". Ele acredita ser melhor deixar aberta a possibilidade de outras manifestações da realidade crística noutros tempos e noutras culturas. No entanto, sustenta, é verdade que a única realização normativa dessa realidade crística é a manifestação em Jesus, confessado como Cristo. Todas as outras manifestações ou concretizações da realidade crística são análogas a ela. O Jesus crucificado é o único que pode ser declarado Cristo. Ora, evocando a fórmula de P. Tillich "Cristo é mais do que Jesus", somos levados a inverter a última fórmula: afirmamos que *Jesus é mais do que Cristo*, no sentido de que em Jesus,

---

[62] Ver: GEFFRÉ, *Profession théologien...*, p. 146.

enquanto Verbo encarnado, há algo que o Verbo eterno não possui. Fundamentalmente, Cristo não é senão um título dado a Jesus, o Verbo encarnado. Há mais em Jesus do que no Verbo enquanto tal. Noutros termos, em Jesus, Verbo encarnado, está a humanidade inteiramente, está a humanidade de Deus realizada. Evidentemente, não se trata de uma questão quantitativa. Há "mais" em Jesus, o Cristo, o Verbo encarnado, "mais" do que não havia anteriormente no Verbo eterno... Enfim, importa ver que *Jesus é mais do que Cristo* no sentido de que nele nós estamos incorporados, sua humanidade é a nossa. Nós somos o que somos plenamente nele e ele não é sem nós. É preciso não esquecer que é do próprio Jesus que se diz que é Cristo. A dificuldade seria, certamente, compreender que há uma sinonímia entre o Cristo e o Verbo enquanto tal, ou pensar que o Cristo é a realidade que se libertou de sua humanidade, entendida equivocadamente como um empecilho para afirmar a universalidade de sua ação salvadora. Seja como for, a intenção de inverter a fórmula de Tillich é sublinhar que não se pode ser indiferente à humanidade de Jesus para afirmar a universalidade da ação de Cristo. É precisamente a partir da particularidade de Jesus que a ação do Cristo é universal.

"Um Cristianismo que não atribui o sacrifício de Jesus de Nazaré a Jesus enquanto Cristo não é senão uma religião a mais entre tantas outras."[63] Comentando essas palavras da sistemática de P. Tillich, Geffré escreve:

> A cristologia de Paul Tillich não especula a respeito da união de Deus e o homem em Jesus Cristo. Mas, mesmo se ele não privilegia o termo não bíblico *Encarnação* por causa de suas conotações pagãs, jamais aceitaria dizer que a filiação divina de Jesus não é senão uma "metáfora". Tal afirmação compromete a identidade de Jesus e do Cristo e a cristologia tornar-se-ia jesuologia. Se se quer ir às últimas consequências da doutrina de Cristo como Novo Ser (*New Being*), é preciso compreender que o Cristo não é Cristo senão à medida que sacrificou sua existência histórica como existência daquele que é simplesmente Jesus. O Cristianismo como religião histórica não é superior às outras religiões. Mas ele permanece uma religião única na

---

[63] TILLICH, P. *Théologie systématique I*. Paris: Cerf/Labor et Fides/Les presses de l'Université de Laval, 2000. p. 187. Ver o original: *Systematic Theology*. London: SCM Press, 1978. v. 1, p. 135.

medida em que é testemunha da revelação final inseparável do mistério da morte e ressurreição.⁶⁴

Ora, se graças a Geffré pode-se compreender o sentido geral da cristologia de Tillich, permanece, no entanto, a questão de saber o sentido preciso de Jesus de Nazaré ser sacrificado em benefício de Jesus enquanto Cristo. Isso quer dizer que o Cristo ressuscitado, de algum modo, "liberta" Jesus de Nazaré de seu "particularismo"? Aparentemente, sim. Mas não estaríamos de acordo em considerar a particularidade de Jesus de Nazaré como um empecilho para sua universalidade, no sentido de que é precisamente a partir de sua particularidade que Jesus Cristo é universal. Na nossa compreensão, seria preciso sustentar que aquele que ressuscitou é o próprio Jesus, Verbo encarnado que se torna universal, não apesar de sua particularidade, mas justamente a partir dela. Nesse sentido Jesus não é sacrificado a Jesus enquanto Cristo. A humanidade concreta de Jesus de Nazaré não foi absorvida no título de Cristo; de modo algum tal humanidade se apaga. O Cristo não exige, portanto, nenhum sacrifício da parte do homem Jesus de Nazaré. Jesus é o Cristo que traz em si o traço indelével de sua particularidade, o traço completo de sua humanidade. De fato, aquele que coexiste com toda a história da humanidade e que pertence a todos os homens é Jesus, esse Jesus de Nazaré, e não outro. Pode-se ver que é a particularidade de Jesus que se torna universal. O paradoxo está em afirmar que essa particularidade, a humanidade concreta de Jesus de Nazaré, possui um destino universal, não porque ela se tenha diluído enquanto "Cristo" ressuscitado, mas porque ela permanece humana e sem nenhuma diminuição de sua própria particularidade.⁶⁵

Se o que dissemos for verdade, a afirmação de Geffré de que "a humanidade de Jesus de Nazaré não esgota a plenitude do mistério de Cristo",⁶⁶ não poderia se compreendida senão como afirmação simultânea e sem rodeios – o que Geffré faz – da unidade pessoal entre o Verbo de Deus

---

[64] GEFFRÉ, C. Paul Tillich et l'avenir de l'œcuménisme interreligieux. *RSPT* 77 (1993) 9.
[65] G. Comeau pergunta-se "Se [C. Geffré] não enrijece a intuição de [Paul] Tillich sobre a distinção entre Jesus e Cristo, entre a particularidade histórica de Jesus de Nazaré e a universalidade da figura crística". Ver: COMEAU, De Babel à Pentecôte. Essais de théologie inter-religieuse, p. 139.
[66] GEFFRÉ, *Profession théologien...*, p. 149.

e Jesus de Nazaré. No entanto, o risco está em compreender essa afirmação no sentido de que no Cristo há um "mais" em relação a Jesus, fazendo deste último somente uma manifestação da "realidade crística" entre tantas outras. Ademais, para querer libertar-se das consequências da Encarnação no próprio ser de Deus, não haveria o risco de não ver em Jesus de Nazaré senão uma aparição de Deus na história? Não se negaria, assim, o engajamento definitivo de Deus em Jesus? Se a humanidade de Jesus não esgota o mistério de Cristo, é porque ela faz parte desse mistério. Sem ela, pelo menos no Cristianismo, não existe Cristo. A humanidade de Jesus na sua inseparabilidade do Filho de Deus, em vez de esgotar a plenitude do mistério do Cristo, estabelece tal mistério. Diríamos até mesmo que sem a humanidade do Cristo não há mistério. Seria, talvez, correto dizer que o mistério do Cristo é precisamente o mistério da composição paradoxal no sentido de que o Cristo não é outro senão Jesus, Verbo encarnado ressuscitado?

PARTE 3

Elementos para uma teologia cristã das religiões

Trata-se agora de enunciar as linhas de força de nossa própria compreensão de uma teologia cristã das religiões. Qual será o qualificativo adequado para nossa teologia? Haveria que falar de uma "teologia encarnacional das religiões" ou de uma "cristologia encarnacional no campo da teologia das religiões"? Pouco importa o qualificativo dado a nossa teologia. É mais importante poder mostrar a fecundidade e a pertinência da reflexão sobre o evento da Encarnação como temática que está no coração mesmo da teologia cristã das religiões e que possibilita uma teologia aberta, humilde e dialógica. Dito de maneira breve, o interesse está em mostrar que uma verdadeira teologia cristã das religiões, a partir de seu fundamento mesmo, exige o diálogo com outras tradições e crenças religiosas, excluindo e condenando toda atitude de superioridade e violência.

Em primeiro lugar, lembremos alguns elementos. Certos teólogos têm reparado que no século XX ter-se-ia produzido uma passagem da doutrina da pessoa de Jesus à doutrina de Deus. Num certo sentido, essa apreciação é justa, sob a condição de explicá-la e matizá-la.[1] Com efeito, estamos convencidos de que a doutrina de Deus não pode ser separada da doutrina da pessoa de Cristo. Ao contrário, ela a exige. Em certo sentido, ao menos no Cristianismo, não se pode fazer teologia cristã sem pôr em relação a doutrina de Deus e a de Cristo. Assim, mesmo que se possa e deva fazer distinções, teologia e cristologia devem ser concebidas em uma relação mútua. Portanto, na teologia cristã das religiões, essa relação mútua é ainda mais necessária se quisermos fazer uma teologia que não ponha entre parênteses nem contorne o que está no âmago mesmo da fé cristã, isto é, uma teologia cristã das religiões que leve a sério o evento da Encarnação.

---

[1] Ver: TRACY, D. Le retour de Dieu dans la théologie contemporaine. *Concilium* 256 (1994) 55-66. Evidentemente, esse retorno de Deus à teologia contemporânea não está em contradição com o caminho cristológico. Ao contrário, nesse retorno de Deus o pensamento cristológico é o cerne da teologia cristã. A teologia não pode ser concebida sem a cristologia e vice-versa.

Por outro lado, alguns teólogos pensam que estamos em um processo de demitologização, principiado com força nos inícios do século XX, e que em toda linguagem religiosa e sobre Deus não se pode ver senão a expressão de um certo engajamento moral ou espiritual do homem. Nesse quadro, uma cristologia não encarnacional aparece como uma alternativa muito atrativa para os cristãos que têm uma crença verdadeira e sincera na realidade de Deus, mas manifestam uma objeção intelectual e moral muito forte diante da ideia da divindade de Jesus Cristo. Portanto, por conta das exigências do diálogo inter-religioso e de uma consciência mais viva da pluralidade das religiões, eles se sentem atraídos por uma cristologia não encarnacional, já que tal cristologia, segundo eles, poderia evitar atitudes cristãs de superioridade ou mesmo algumas posições totalitárias. Ainda mais, tal cristologia tornaria possível um diálogo inter-religioso em pé de igualdade e, ao mesmo tempo, uma teologia das religiões livre de todo preconceito negativo sobre as religiões.

Nestas páginas pretendemos explicitar alguns traços de uma teologia cristã das religiões que leve seriamente em conta o evento da Encarnação. Sem esta condição *sine qua non*, a teologia "cristã" das religiões arriscar-se-ia a perder esse qualificativo que lhe dá sua identidade profunda. Contudo, enquanto cristãos, como afirmar que Jesus Cristo é o Filho único de Deus e o Salvador de todos os homens sem que tal afirmação comprometa a dignidade dos outros crentes? Postulamos que a fé cristã supõe e exige a si mesma um respeito profundo dos outros crentes e das outras religiões na sua alteridade. Isso é algo irrenunciável e um assunto propriamente religioso. Não obstante, a questão é saber como fundamentar "teologicamente" esse respeito profundo que a fé cristã exige dos outros crentes. Essa é uma das questões centrais que a teologia cristã das religiões deve responder. Nestas páginas tentaremos esboçar alguns elementos fundamentais dessa teologia. Evidentemente, não temos a pretensão de resolver o conjunto da problemática. Só visamos oferecer alguns elementos, "uma" contribuição ao debate contemporâneo, esperando que ela ajude a *re*-centrar este mesmo debate, sobre esta ou aquela questão.

De fato, dar conta da fé cristã na Encarnação, com a preocupação do respeito pelos outros crentes e pelas outras tradições religiosas, é a tarefa à qual empenhamo-nos fundamentalmente. Assim, pensamos que é precisamente a fé na Encarnação que torna possível o respeito pelos outros crentes e as outras religiões no mais alto grau. Apresentamos alguns elementos que permitem apoiar nossa convicção principal: a Encarnação é o fundamento teológico do profundo respeito que a fé cristã tem, de modo intrínseco, pelos outros crentes e pelas outras religiões. Portanto, cremos que a fé na Encarnação não exclui os outros crentes. Antes, ao contrário, supõe e exige um profundo respeito por eles. Igualmente, esta fé afasta e condena toda atitude de violência para com os outros crentes e religiões. Obviamente, não se pode dizer que o Evangelho trata a questão da pluralidade das religiões da mesma maneira que nós a tratamos em nossa época. Contudo, sentimos que é o Evangelho mesmo que nos convida insistentemente ao respeito pelo outro e à rejeição total de toda atitude de violência para com o diferente – neste caso, dos outros crentes e religiões.

Com certeza, com o que acabamos de afirmar não queremos encobrir os desvios do Cristianismo ao longo da história. Em certas épocas, em nome mesmo da fé em Cristo, único Salvador, o Cristianismo exerceu violência para com os crentes de outras tradições religiosas e nas tradições religiosas mesmas.[2] Se esta violência exige, de nossa parte, um claro arrependimento do dano infligido e também a necessidade da confissão de nosso pecado, estamos agora impelidos a mostrar que através de uma correta compreensão de nossa fé em Jesus Cristo, o Filho de Deus encarnado, somos chamados a ter atitudes completamente diferentes daquelas de outrora, isto é, um profundo respeito pelos outros crentes, a humildade e o serviço infatigável pela paz e pela justiça no mundo. Toda atitude avessa a isso estaria em oposição clara com nossa fé. Não se trata, certamente, de uma simples tolerância das outras religiões. É muito mais que isso o que está em questão. Com efeito, cremos que através de uma dinâmica intrínseca de nossa fé na Encarnação do Filho de Deus só podemos considerar de maneira positiva o mistério da pluralidade das religiões da terra e só podemos ter uma atitude de profundo respeito por outrem, já que nisso nosso ser cristão está afetado e comprome-

---

[2] Devemos fazer a distinção entre o Cristianismo como religião histórica e o Evento Cristo. Aquilo que pode ser afirmado criticamente, com razão, sobre o Cristianismo não é, nem deve ser, aplicado diretamente ao Evento Cristo.

tido. Em resumo: os cristãos só poderão ser eles mesmos na relação com os outros crentes, isto é, a relação ela mesma (em virtude da união hipostática em Jesus Cristo, *i.e.*, da Encarnação, mas que não pode ser compreendida a não ser na relação simultânea com a in-habitação de Deus nos santos e, mais amplamente, nos cristãos, e em virtude da consubstancialidade de Jesus Cristo conosco) constitui-se como nossa maneira mesma de "subsistir" enquanto cristãos. Em outros termos, segundo uma palavra de M. Heidegger e também de E. Jüngel, seria possível falar em "*ek*-sistencia" da fé cristã e também em "*ek*-sistencia" do cristão ele mesmo, no sentido de que o cristão não existe sem sair de si para estabelecer uma relação. Para explicar esta concepção, ousamos fazer a "transposição", indevidamente talvez, de um conceito da teologia trinitária para a realidade mesma do cristão quando ele é pensado em sua relação com os homens, mas, neste caso concreto, com os outros crentes. Talvez seja possível falar de uma espécie de "relação subsistente" no cristão. Ele só pode "realizar" seu ser mesmo na relação com os outros crentes. Mesmo que tenhamos de reconhecer certa inadequação desse conceito transposto dessa maneira para os cristãos, ele nos ajuda a exprimir a radicalidade da relação "essencial" e "necessária" dos cristãos com os outros crentes das outras tradições religiosas. Enquanto cristãos, não somos nós mesmos sem os outros. O "não sem" é mesmo a condição de nosso próprio ser. Não existimos como seres humanos sem os outros.[3] Mas também não existimos como cristãos sem nossa necessária relação com os outros.

A Encarnação como crítica das teologias pluralistas extremas

Uma teologia cristã das religiões que tem como centro de sua reflexão a Encarnação só pode levar a sério as outras tradições religiosas. De

---

[3] CERTAU, M. *La faiblesse du croire*. Paris: Éditions du Seuil, 1987. p. 212-218. Trata-se do "pas sans" (*nicht ohne*) utilizado por Heidegger e retomado por Certeau. "Pas sans toi", "pas sans lui", nós poderíamos acrescentar "não sem o outro", "não sem o outro crente". Certeau escreve: "Ninguém é cristão sem o outro, e nenhuma comunidade poderá se considerar cristã sem ser autorizada por uma relação necessária com outra do passado e com outros grupos (coexistentes ou futuros)". Ibid., p. 214.

fato, uma teologia encarnacional das religiões, sem renunciar à unicidade do evento da Encarnação, não anula as diferenças entre as crenças. Ela as aceita e não tenta nunca dar conta de sua própria compreensão sem as levar em conta e dialogar com elas. Assim, uma teologia encarnacional das religiões joga com todas as cartas sobre a mesa, sem esconder nada de sua pretensão. Ela busca ao mesmo tempo dar início a uma conversação como exigência da sua própria identidade e dinâmica interna. Certas teologias pluralistas, especialmente a de J. Hick, não levam suficientemente em conta a diferença específica de cada tradição religiosa e impõem a todas as crenças uma espécie de religião universal na qual todas as diferenças entre religiões são anuladas. De fato, o pluralismo pregado por essas teologias não é real, pois obriga todas as crenças a entrarem num esquema geral estabelecido como o único válido. No caso de J. Hick, pensamos que sua proposição teológica – pluralista na aparência – oculta um tipo de absolutismo ao qual todas as crenças estão obrigadas a aderir.

A Encarnação como condição da comunicação do que é próprio ao Filho de Deus

A Encarnação não pode ser compreendida de uma maneira pontual. Devemos definir a Encarnação como o itinerário global de Jesus. Esse itinerário certamente não teria muito interesse se não fosse contemplado nos seus cruzamentos com os nossos próprios itinerários humanos. Assim, esse cruzamento de itinerários leva à questão soteriológica. Qual seria o sentido do itinerário de Jesus sem a sua relação com os nossos itinerários? Qual seria o sentido de nossos caminhos humanos sem o caminho de Jesus? Em uma palavra: trata-se de pensar nossa relação com Jesus, o Filho encarnado de Deus em chave soteriológica.

A afirmação da unicidade da Encarnação não pode estar separada daquela que assegura nossa condição de irmãos daquele que se encarnou, o Filho único de Deus. Mas como é que o Filho único pode ter irmãos? Essa é justamente a compreensão cristã da unicidade da filiação de Jesus. Paradoxalmente, nós somos irmãos do Filho único de Deus, daquele que se encarnou. Somos reconhecidos filhos (por adoção) na eterna filiação de

Jesus Cristo. Portanto, é precisamente a partir da Encarnação que sua filiação é-nos comunicada. Por sua Encarnação, o Filho de Deus comunica-nos o que lhe é dado pelo Pai desde toda a eternidade, o que lhe é próprio: sua condição de Filho, sua santidade. Nós recebemos a santidade e a filiação daquele que vem a nós.

Sem dúvida, é possível compreender sem muita dificuldade nossa relação, como cristãos, com Jesus de Nazaré, o Filho encarnado de Deus, mas como pensar ao mesmo tempo esta relação e nossa relação com os outros crentes e com as outras religiões? Aí está, certamente, o ponto crítico de nossa reflexão: dar razão ao mesmo tempo, em termos válidos, de nossa relação com Jesus de Nazaré e de nossa relação com os membros de outras tradições religiosas e com as outras religiões em si mesmas. Essa é uma verdadeira dificuldade. Contudo, se nos lembramos de que a relação própria do Filho de Deus com toda a humanidade é de caráter *kenótico*, podemos compreender nossa relação com os outros crentes como reproduzindo de alguma maneira, *mutatis mutandis*, a relação do Filho encarnado com a humanidade toda. A Encarnação compreendida em termos *kenóticos* – mas excluindo todo desvio *kenotista* – constitui, a nosso ver, a chave de compreensão da relação dos cristãos com os outros crentes e com as outras religiões. Mais adiante trataremos disto com precisão.

Se pensamos naquilo que nos tem sido comunicado pelo Filho de Deus encarnado, isto é, sua santidade, que é que nos impede de reconhecer nas religiões o que é "verdadeiro e santo"? Ora, graças à Encarnação do Verbo de Deus, fundamento teológico da comunicação da santidade do Cristo, muito mais do que reconhecer simplesmente os elementos de verdade e de santidade nas outras crenças, nós, cristãos, somos convidados a buscar ativamente o rastro da sua santidade nas religiões. Já que Deus só tem uma coisa para comunicar-nos, não podemos buscar nada mais do que a si mesmo.

Não podemos esquecer que uma maneira possível de compreender a Encarnação é em termos de união hipostática. Contudo, devemos pensar que com Calcedônia estamos autorizados a falar de uma dupla consubstancialidade: a que Niceia confessa do Filho em relação a seu Pai e a que Calcedônia confessa em relação a nós, os homens. Jesus Cristo não é só consubstancial ao Pai, mas também a nós. Nesse sentido, é-nos permitido compreender a comunicação de sua santidade a todos os homens. Com efeito, existe uma comunicação daquilo que é único. Mas pode-se comunicar o único? Não pertence ao único a qualidade da incomunicabilidade? Sim, ao parecer o único não pode ser comunicado, já que, se fosse comunicado (partilhado), deixaria, então, de ser único. No entanto, se considerarmos a verdadeira comunicação, a comunicação por excelência, isto é, a que comunica o único, e por conseguinte e paradoxalmente, o incomunicável, a aparente incomunicabilidade do único desaparece. Não pode tratar-se aí mais do que da mesma autocomunicação de Deus. Deus dá-se a si mesmo. Trata-se da comunicação no seu estado puro. Ora, em Jesus, o único é comunicado a todos os seres humanos. Ao menos a única santidade é comunicada a todos. Nós estamos, então, autorizados a falar de uma espécie de unicidade comunicada (ou partilhada). Podemos, pois, ver na Encarnação uma dinâmica inaudita: a unicidade comunicativa. A lógica dessa unicidade comunicativa está fundada na lógica da Encarnação mesma. É em razão mesmo da unicidade e do caráter definitivo da união hipostática, não apesar dela ou a despeito dela, que a comunicação do que é próprio é possível. No fundo, aquilo que nos é comunicado a partir da unicidade de Jesus Cristo, o Filho encarnado de Deus, não é mais do que seu espírito de santidade. Nós somos, assim, santificados em Jesus Cristo, Verbo encarnado de Deus. Obviamente, a santidade do Cristo e a nossa são diferentes (no sentido de, como criaturas, termos de nos tornar santos, enquanto o Cristo é santo desde o princípio). No entanto, mesmo que essas santidades possam ser distinguidas com clareza, elas não podem ser separadas. Ao contrário, para bem compreender a santidade própria de Jesus Cristo, somos convidados a pensá-la em sua relação com a nossa própria santidade recebida daquele mesmo que a recebeu do Pai desde toda a eternidade.

A Encarnação como *kénosis* e nossa relação com os outros crentes

O texto da Carta aos Filipenses lembra-nos uma atitude fundamental de todo cristão digno deste nome:

Completai a minha alegria, deixando-vos guiar pelos mesmos propósitos e pelo mesmo amor, em harmonia buscando a unidade. Nada façais por ambição ou vanglória, mas, com humildade, cada um considere os outros como superiores a si e não cuide somente do que é seu, mas também do que é dos outros. Haja entre vós o mesmo sentir e pensar que no Cristo Jesus. Ele, existindo em forma divina, não se apegou ao ser igual a Deus, mas despojou-se, assumindo a forma de escravo e tornando-se semelhante ao ser humano. E, encontrado em aspecto humano, humilhou-se, fazendo-se obediente até a morte – e morte de cruz! (Fl 2,2-8).

Quando lemos a primeira parte deste hino que nos descreve a relação de Jesus Cristo com todos os homens, não podemos deixar de observar que tal relação não tem nada a ver com uma relação de dominação. Ao contrário, trata-se de uma relação cuja lógica é a *kénosis*, o abaixamento, o esvaziamento, o serviço e a obediência até à morte. Nesse sentido, nossa fé em Jesus, Filho de Deus encarnado, não procura impor-se aos outros crentes. A fé nesse Jesus exige, antes, entrar numa lógica de radical humildade e de um grande respeito pelos outros crentes.

Evidentemente, isso não supõe nenhuma relativização do alcance universal do evento da Encarnação do Filho de Deus. É a segunda parte do hino da Carta aos Filipenses: "Por isso, Deus o exaltou acima de tudo e lhe deu o Nome que está acima de todo nome, para que, em o Nome de Jesus, todo joelho se dobre no céu, na terra e abaixo da terra, e toda língua confesse: 'Jesus Cristo é o Senhor', para a glória de Deus Pai" (Fl 2,9-11). No entanto, a afirmação do alcance universal da Encarnação, pela sua dinâmica interna, não poderia ser feita sem uma atitude de respeito pelos outros crentes e pelas outras religiões. Além disso, a eficácia universal da Encarnação não existe para os cristãos sem a consciência de seu caráter amiúde escondido, mesmo invisível, nos outros crentes e nas outras religiões. Ora, esta consciência está reforçada pela simples constatação histórica do que acontece em muitos lugares onde a paz entre as religiões não é mais possível e onde as atitudes de violência vencem as de paz.

Ainda que a *kénosis* mostre-nos uma maneira concreta de entrar em relação com o diferente, num profundo respeito, ela não pode ser utilizada para interpretar uma espécie de "desaparição" de Jesus, um aniquilamento total de seu rastro ou um "ponto nulo da mediação" crística (que nós preferimos chamar de mediação "Jesuscrística", já que não pode ser pensada, ao menos no Cristianismo, uma mediação que não seja aquela de Jesus de Nazaré, de quem se confessa que é o Cristo de Deus). A *kénosis*, bem interpretada, não nos permite fazer apelo a um Mediador (Jesus Cristo) que desaparece para deixar seu lugar a outros "mediadores". Mesmo se dessa última interpretação não é possível negar sua generosidade, ela não é coerente com o sentido das afirmações do Novo Testamento. A *kénosis*, corretamente compreendida, não nos pede para renunciarmos a nossa fé em Jesus único Mediador e Salvador de todos os homens. Ela nos mostra as condições intrínsecas de nossa confissão de fé: uma radical humildade que afasta – no meio mesmo da nossa confissão de fé – toda atitude de dominação, desapreço e violência na relação com outrem. Em resumo: a confissão de fé em Jesus, o Verbo encarnado, pela sua própria dinâmica, exige uma radical humildade. No seio da confissão mesma, toda outra maneira de apresentar Jesus Cristo atraiçoaria o essencial da própria confissão cristã. Não se pode confessar Jesus Cristo a não ser no respeito e estima dos outros crentes e das outras religiões.

Particularidade e universalidade da Encarnação

Lembremos as críticas de certos teólogos opostos a uma teologia encarnacional, especialmente as críticas formuladas a respeito da absolutização ou da divinização da humanidade de Jesus. Para esse teólogos, a fé cristã em Jesus, o Filho de Deus encarnado, não nos permite dar ao nome de Jesus um alcance universal ou universalizá-lo. Esses teólogos, certamente com muita generosidade e boas intenções, creem que, em razão mesmo da *kénosis* ou do caráter histórico e particular da fé cristã, não estamos habilitados a conferir a Jesus um alcance universal. Em uma palavra: para eles, essa pretensão seria como que uma supressão indevida da particularidade do evento da Encarnação.

Em nossa perspectiva, a particularidade do evento da Encarnação não está em oposição à sua universalidade, a seu alcance universal. A afirmação da universalidade de Jesus de Nazaré não põe em questão sua particularidade de maneira indevida. Jesus tem um alcance universal não "apesar de", ou "a despeito de" sua particularidade. É precisamente a partir e em razão dessa particularidade que Jesus possui um alcance universal. Com efeito, o fato de buscarmos o alcance universal de Jesus de Nazaré (*i.e.*, do evento da Encarnação) não contradiz em nada sua particularidade. Ao contrário, mostra-se importante não deixar de lado todas as dimensões históricas ligadas à pessoa de Jesus. Em uma palavra: trata-se simplesmente de não esquecer o Jesus da história, sua força e sua pertinência.

Nossa concepção de uma teologia cristã das religiões exige levarmos em conta a existência do homem Jesus. Levar em conta a história de Jesus é a garantia da proclamação do alcance universal do evento da Encarnação. Ao mesmo tempo, levar em conta a particularidade e a historicidade de Jesus de Nazaré liberta nossos imaginários de todo desvio possível a respeito da sua pessoa. A memória do itinerário de Jesus liberta a própria fé cristã de toda tentação de desfiguração do homem de Nazaré. No fundo, é essa particularidade de Jesus que é a garantia última de sua universalidade verdadeira, isto é, não uma universalidade abstrata, mas uma universalidade concreta. Nesse sentido alguns teólogos, como Claude Geffré, falam com pertinência do "universal concreto".

Por outro lado, a importância da particularidade da humanidade de Jesus e da singularidade de sua história lembra-nos de que o itinerário seguido por Jesus não pode ser considerado à margem dos itinerários que o cruzam, os itinerários dos discípulos e das pessoas que ele encontrou nos caminhos da Galileia ou da Samaria. O itinerário de Jesus cruza outros itinerários, sem os quais não é possível compreender seu próprio itinerário. A particularidade de Jesus não é discernível sem as particularidades daqueles que ele mesmo encontrou quando caminhava. É no cruzamento dessas particularidades que somos capazes de desvelar a unicidade de sua pessoa, a unicidade de seu itinerário. Enfim, é justamente aí que somos capazes de descobrir, elucidar e apontar o verdadeiro alcance de sua Encarnação.[4]

---

[4] Ao falar do alcance da Encarnação, é útil lembrarmos que por ela é possível afirmar que "a salvação é mais próxima de uma prática humanista do que religiosa", que não é admissível "a redução da salvação ao fato religioso" e que com a missão cristã foi aberta "uma outra via, que não seja propriamente religiosa". Essas afirmações lembram-nos da importância na fé cristã de não opor religião, humanismo e salvação, nem limitar esta última ao fato religioso. Ver: MOINGT, J. *Dieu*

É possível uma teologia das religiões?

Falar de Deus a partir daquilo que somos é sempre uma tentativa que pode bem evocar o mito de Sísifo. Falar de Deus com os "recursos que temos à mão" é uma vã tentativa. Contudo, ela é legítima na medida em que só abreviamos sua própria Palavra. Assim, neste mundo onde a pluralidade de religiões e de crenças aparece-nos no seu mistério insondável, só a confiança que nos dá o evento da Encarnação torna possível nosso balbucio chamado "teologia", já que neste assumir da carne Deus falou de si mesmo. Se nossa palavra sobre Deus é possível, não é por causa de nosso esforço, mas porque Deus falou em primeiro lugar no seu Filho único. As religiões da terra, para os cristãos, inscrevem-se, entre outros esforços, nessa tentativa humana legítima de abandonar-se em Deus e tentar "dizê-lo" com o que somos e temos, sem garantias de salvação, com certeza, mas em esperança.

Uma teologia cristã que repensa a Encarnação de uma maneira nova deve ser acompanhada pela discrição e humildade necessárias a uma tal tarefa, e a insistência na importância da fé na Encarnação nessa teologia, longe de ser arrogância e desprezo dissimulados diante de outras religiões e crenças, é um labor que implica a responsabilidade do próprio pensamento cristão, já que supõe que as outras crenças são levadas a sério.

No referente à teologia das religiões, existe ao menos uma certeza que podemos ter como cristãos: Deus quis falar com nossos próprios meios de expressão, ele desejou falar a linguagem dos homens e das religiões. Se isso é verdade, só podemos esperar falar entre nós e com as religiões do mundo nessa linguagem que Deus mesmo fez sua, pela Encarnação do seu Filho único.

---

qui vient à l'homme. De l'apparition à la naissance de Dieu. Paris: Cerf, 2007. 2. Naissance, t. II/2, p. 971-979.

Referências bibliográficas

Estudos de teologia contemporânea

BAILLLIE, Donald M. *God Was in Christ*. London: Faber & Faber, 1958.

BERNHARDT, Reinhold. *La pretensión de absolutez del cristianismo*. Desde la ilustración hasta la teología pluralista de la religión. Bilbao: DDB, 2000.

BOFF, Leonardo. *O Evangelho do Cristo cósmico*. A realidade de um mito, o mito de uma realidade. Petrópolis: Vozes, 1971.

BONINO, Serge-Thomas et al. "Tout récapituler dans le Christ". A propos de l'ouvrage de Jacques Dupuis *Vers une théologie chrétienne du pluralisme religieux*. *Revue Thomiste* 98 (1998) 591-630.

BOUËSSÉ, H. De la causalité de l'humanité du Christ. In: BOUËSSÉ, H.; LATOUR, J.-J. (dir.). *Problèmes actuels de christologie*. Travaux du symposium de l'Arbresle 1961. Paris: DDB, 1965.

GEFFRÉ, Claude. *Croire et interpréter*. "La théologie européenne à la fin de l'européocentrisme". *LV* 201 (1991) 97-120.

_____. *Le christianisme au risque de l'interprétation*. Paris: Cerf, 1983.

_____. Le corps comme icône de la passion de Dieu et de l'homme. In: BOSSE, Marc; PICON, Raphaël. *Penser le Dieu vivant*. Mélanges offerts à André Gounelle. Paris: Van Dieren Éditeur, 2003.

_____. Le destin de la foi chrétienne dans un monde d'indifférence. *Concilium* 185 (1983) 95-111.

_____.Le réalisme de l'incarnation dans la théologie du père M.-D. Chenu. *RSPT* 69 (1985) 389-399.

_____. *Le tournant herméneutique de la théologie*. Paris: Cerf, 2001.

_____. *Profession théologien*. Quelle pensée chrétienne pour le XXIe siècle? Paris: Albin Michel, 1999.

GONZÁLEZ FAUS, José Ignacio. Religiones de la tierra y universalidad del pobre. In: *Universalidad de Cristo. Universalidad del pobre*. Salamanca: Sal Terrae, 1999.

HAIGHT, Roger. *Dynamics of Theology*. New York: Paulist Press, 1990. [Ed. bras.: *Dinâmica da teologia*. São Paulo: Paulinas, 2004.]

_____. *Jesus Symbol of God*. New York: Orbis Books, 1999. [Ed. bras.: *Jesus símbolo de Deus*. São Paulo: Paulinas, 2005.]

_____. The Case for Spirit Christology. *TS* 53 (1992) 257-287.

_____. *The Future of Christology*. New York: Continuum, 2005. [Ed. bras.: *O futuro da cristologia*. São Paulo: Paulinas, 2008.]

JOSSUA, J.-P.; SÉD, N.-J. (dir.). Repères bibliographiques. In: *Interpréter*. Mélanges offerts à Claude Geffré. Paris: Cerf, 1992. p. 301-302.

JÜNGEL, Eberhard. *Dieu mystère du monde*. Fondement de la théologie du Crucifié dans le débat entre théisme et athéisme. Paris: Cerf, 1983. t. I et t. II,

KASPER, Walter. *Jésus le Christ*. Paris: Cerf, 1976.

KUSCHEL, Karl-Josep. *Born Before All Time?* The Dispute Over Christ's Origin. SCM Press: London, 1992.

MACQUARRIE, J. *Jesus Christ in Modern Thought*. London-Harrisbourg: SCM-Trinity Press International, 1991.

MARTELET, Gustave. Sur le motif de l'incarnation. In: BOUËSSÉ, H.; LATOUR, J.-J. (dir.). *Problèmes actuels de christologie*. Travaux du symposium de l'Arbresle 1961. Paris: DDB, 1965. p. 35-80.

MOINGT, Joseph. *Dieu qui vient à l'homme*. Du deuil au dévoilement de Dieu. Paris: Cerf, 2002. t. I.

_____. *Dieu qui vient à l'homme*. De l'apparition à la naissance de Dieu. Paris: Cerf, 2005. t. II, v. 1.

_____. Gratuité de Dieu. *RSR* 83/3 (1995) 331-356.

_____. Humanitas Christi. *Concilium* 279 (1999) 37-46.

_____. La réception du prologue de Jean au IIe siècle. *RSR* 83/2 (1995) 249-282.

_____. *L'homme qui venait de Dieu*. Paris: Cerf, 1993.

_____. L'intérêt de la théologie pour le Jésus de l'histoire. *RSR* 88/4 (2000) 579-597.

_____. "Montrez-nous le Père". La question de Dieu en christologie. *RSR* 65/2 (1977) 305-338.

_____. Réponses à quelques interpellations. *RSR* 88/4 (2000) 513-522.

Teologia das religiões e diálogo inter-religioso

AEBISCHER-CRETTOL, Monique. *Vers un œcuménisme interreligieux*. Jalons pour une théologie chrétienne du pluralisme religieux. Paris: Cerf, 2001.

AVELINE, Jean-Marc. *L'enjeu christologique en théologie des religions*. Le débat Tillich-Troeltsch. Paris: Cerf, 2003.

_____. La théologie des religions dans la dogmatique de 1925. In: RICHARD, J.; GOUNELLE, A.;. SCHARLEMANN, R. (dir.). *Études sur la dogmatique (1925) de Paul Tillich*. Québec/Paris: Les presses de l'Université Laval/Cerf, 1999.

BANAWIRATMA, J. B. Christian Life in Religious Pluralism. Ecumenical Concerns in Inter-Religious Dialogue. *VFTW* 23/1 (2000) 92-102.

COLLET, Giancarlo. Théologie de la mission ou des missions. Observations sur l'utilisation d'un concept contesté. *Concilium* 279 (1999) 113-120.

COMEAU, Geneviève. *Grâce à l'autre*. Le pluralisme religieux, une chance pour la foi. Paris: Éditions de l'Atelier, 2004.

_____. La christologie à la rencontre de la théologie des religions. *Études* (juillet-août 2000).

_____. Quelle espérance pour le dialogue interreligieux? *Études* 4022 (Février 2005) 209-220.

COUTO TEIXEIRA, Faustino. Do diálogo ao anúncio. Reflexões sobre a declaração *Dominus Iesus*. *REB* 240 (2000) 880-908.

D'COSTA, Gavin. *Theology and Religious Pluralism*. The Challenge of Other Religions. Oxford: Basil Blackwell, 1986.

_____. Theology of Religions. In: FORD, David (dir.). *The Modern Theologians*. An Introduction to Christian Theology in the Twentieth Century. Oxford: Blackwell, 1997.

_____ (dir.). *Christian Uniqueness Reconsidered*. The Myth of a Pluralistic Theology of Religions. New York: Orbis Books, 1990.

D'SA, Francis X. Incarnation et avatara hindou. *Concilium* 246 (1993) 99-109.

DALMAS, I.-H. La fe cristiana en diálogo con las grandes religiones. Santander: Sal Terrae, 1981.

DHAVAMONY, Mariasusai. *Teología de las religiones*. Reflexión sistemática para una comprensión cristiana de las religiones. Madrid: San Pablo, 1998.

DONNEAU, Henry. Chalcédoine contre l'unicité absolue du Médiateur Jésus-Christ? Autour d'un article récent. *RT* 102 (2002) 43-62.

DORÉ, Joseph. Autour de l'ouvrage de Jacques Dupuis *Vers une théologie chrétienne du pluralisme religieux*, 200e numéro de "Cogitatio Fidei". *TRICP* 68 (1998) 156-167.

_____. Du nouveaux sur les religions. *Études* (novembre 1998) 561-564.

_____. La présence du Christ dans les religions non-chrétiennes. *Chemins de Dialogue* 9 (1997) 13-50. Jean-Marc Aveline propose une annexe d'extraits textes choisis de Karl Barth, John Hick, Paul Knitter, Raimon Panikkar, Aloysius Pieris et Karl Rahner, p. 51-62.

_____. Pour une théologie chrétienne des religions. In: DORÉ, Joseph (dir.). *Le christianisme vis-à-vis des religions*. Namur: Artel, 1997.

DUPUIS, Jacques. Christianity and the Religions Revisited. *LS* 28/4 (2003) 363-283.

_____ Communion universelle. Églises chrétiennes et religions mondiales. *CNS* 16 (1995) 361-381.

_____ Cristo universale e vie di salvezza. *Angelicum* 74 (1997) 193-217.

_____ *Homme de Dieu, Dieu des hommes*. Introduction à la christologie. Paris: Cerf, 1995.

_____ *Jésus-Christ à la rencontre des religions*. Paris: Desclée, 1989.

_____ Jésus Christ Universal Saviour and the Ways of Salvation. *SB* 4 (2003) 5-23.

_____ *La rencontre du christianisme et des religions*. De l'affrontement au dialogue. Paris: Cerf, 2002.

_____ L'Église, le Règne de Dieu et les autres. In: DORÉ, Joseph; THEOBALD, Christoph (dir.). *Penser la foi. Recherches de théologie aujourd'hui*. Mélanges offerts à Joseph Moingt. Paris: Cerf, 1993.

_____ L'Église, le Règne de Dieu et les autres. *Revue de l'Institut Catholique de Paris* 46 (1993) 95-119.

_____ Le débat christologique dans le contexte du pluralisme religieux. *NRT* 113 (1991) 853-863.

_____ Le Verbe de Dieu, Jésus Christ et les religions du monde. *Nouvelle revue théologique* 123 (2001) 529-546.

_____ Les religions comme voies de salut? *Spiritus* 126 (1992) 5-14.

_____ Parole de Dieu et Écritures sacrées. *Spiritus* 126 (1992) 59-65.

_____ The Word and The Christ. In: CRUSZ, Robert; MARSHAL; Fernando; ASANGA, Tilakaratue (dir.). *Encounters with The Word;* Essays to Honour Aloysius Pieris. Colombo: EISD, 2004.

_____ Universalità del cristianesimo. Gesù Cristo, il Regno di Dio e la Chiesa. In: FARRUGIA, Mario.(dir.). *Universalità del cristianesimo*. In dialogo con Jacques Dupuis. Milan: San Paolo, 1996.

_____ Universality of the Word and Particularity of Jesus Christ. In: KENDALL, Daniel; DAVID, Stephen (dir.). *The Convergence of Theology*. A Festschrift Honoring Gerald O'Collins, S.J. New York: Paulist Press, 2001.

_____ *Vers une théologie chrétienne du pluralisme religieux*. Paris: Cerf, 1997.

_____ Vers une théologie chrétienne du pluralisme religieux. A l'occasion du 200e numéro de la collection "Cogitatio Fidei". *Vie Spirituelle* 724 (1997) 573-580.

DUQUOC, Christian. *L'unique Christ*. La symphonie différée. Paris: Cerf, 2002. [Ed. bras.: *O único Cristo*. A sinfonia adiada. São Paulo: Paulinas, 2008.]

EDITORIAL. Gèsu, salvatore unico e universale. *La Civiltà Cattolica* 3616 (febbraio 2001) 335-347.

FARRUGIA, Mario.(dir.). *Universalità del cristianesimo*. In dialogo con Jacques Dupuis. Milan: San Paolo, 1996.

FÉDOU, Michel. La réception de l'enseignement conciliaire sur les religions non chrétiennes. *Pro-dialogo Bulletin*, 104-105 (2000) 200-210.

_____ Le dialogue interreligieux, méthodologies et finalités. *Positions Luthériennes* 47 (1999) 225-237.

_____ *Les religions selon la foi chrétienne*. Paris: Cerf, 1996.

_____ *Regards asiatiques sur le Christ*. Paris: Desclée, 1998.

FITZGERALD, Michaël. Panorama du dialogue interreligieux et questions théologiques. *Spiritus* 126 (1992) 93-103.

FRANÇA MIRANDA, Mário de. *O cristianismo em face das religiões*. São Paulo: Loyola, 1998.

GAMBERINI, Paolo. La Cristologia del pluralismo religioso in un recente libro di Jacques Dupuis. *Filosofia e Teologia* (2000/1) 135-144.

_____. Rilevanza metaforica della cristologia. In: FARRUGIA, Mario (dir.). *Universalità del cristianesimo*. In dialogo con Jacques Dupuis. Milan: San Paolo, 1996.

GEFFRÉ, Claude. A l'occasion du 200e numéro de la collection "Cogitatio Fidei". Le pluralisme religieux comme question théologique. *Vie Spirituelle* 724 (1997) 580-586.

_____. *De Babel à Pentecôte*. Essais de théologie interreligieuse. Paris: Cerf, 2006.

_____. La crisis de la identidad cristiana en la época del pluralismo religioso. *Concilium* 311 (junio 2005) 305.

_____. La contingence historique du christianisme comme scandale de la foi. *La vie spirituelle* 599 (1973) 791-799.

_____. La mission comme dialogue de salut. *LV* 205 (1992) 33-46.

_____. La place des religions dans le plan du salut. *Spiritus* 138 (1995) 79-97.

_____. La rencontre du christianisme et des cultures. Fondements théologiques de l'inculturation. *Revue d'Ethique et de Théologie Morale*. Le supplément (1995) 68-91.

_____. La responsabilité historique des religions monothéistes. In: DORÉ, Joseph (sous la direction de). *Le christianisme vis-à-vis des religions*. Namur: Artel, 1997.

_____. La singularité du christianisme à l'âge du pluralisme religieux. In: DORÉ, Joseph; THEOBALD, Christoph (dir.). *Penser la foi. Recherches de théologie aujourd'hui*. Mélanges offerts à Joseph Moingt. Paris: Cerf, 1993.

_____. La vérité du christianisme à l'âge du pluralisme religieux. *Angelicum* 74 (1997) 171-191.

_____. Le comparatisme en théologie des religions. In: CENTRE DE RECHERCHES D'HISTOIRE DES RELIGIONS (dir.). *Le comparatisme en histoire des religions*. Paris: Cerf, 1997. Suivi du débat des exposés de Dennis Gira et Claude Geffré.

_____. Le Coran, une parole de dieu différente? *LV* 163 (1983) 21-32.

_____. Le dialogue entre les religions. In: ROSA, Jean Pierre (dir.). *Encyclopédie des religions*. Paris: Bayard Éditions, 2000. Thèmes, t. II.

_____. Le Dieu de l'Islam et le monothéisme trinitaire. *Concilium* 289 (2001) 91-99.

_____. Le fondement théologique du dialogue interreligieux. In: BEZANÇON, Jean-Noël (dir.). *Au carrefour des religions*. Rencontre, dialogue, annonce. Paris: Beauchesne, 1995.

_____. Le fondement théologique du pluralisme religieux. *Vie Spirituelle* 724 (1997) 582-586.

_____. Le paradoxe christologique comme clé herméneutique du dialogue interreligieux. *Chemins de dialogue* 19 (2002) 161-182.

_____. Le pluralisme religieux comme nouvel horizon de la théologie. In: BOUSQUET, François et al. (dir.). *La responsabilité des théologiens*. Mélanges offerts à Joseph Doré. Paris: Desclée, 2002.

_____. Le pluralisme religieux et l'indifférentisme, ou le vrai défi de la théologie chrétienne. *RTL* 31 (2000) 3-32.

_____. Le thème de la sagesse comme lieu de la rencontre entre le christianisme et la religion chinoise. Transversalités. *Revue de l'Institut Catholique de Paris* 64 (1997) 263-277.

_____. Maîtrise, chaos, salut. Lecture en théologie des religions. *Revue d'éthique et de Théologie Morale*. Le supplément 204 (1998) 177-195.

_____. Mission sans frontières. *Spiritus* 112 (1988) 315-324.

_____. Paul Tillich et l'avenir de l'œcuménisme interreligieux. *RSPT* 77 (1993) 3-22.

_____. Pour un christianisme mondial. *RSR* 86 (1998) 53-75.

_____. Révélation chrétienne et révélation coranique. A propos de la raison islamique selon Mohammed Arkoun. *RSPT* 81 (1997) 239.

HICK, John. *A Christian Theology of Religions*. The Rainbow of Faiths. Louisville: Westminster-Knox Press, 1995.

_____. *An Autobiography*. Oxford: Oneworld Publications, 2003.

_____. *Christianity and Other Religions*. Selected Readings. Oxford: Oneworld Publications, 2001.

_____. Evil and Incarnation. In: GOULDER, Michael (dir.). *Incarnation and Myth*. The Debate Continued. Michigan: Eerdmans Publishing Company, 1979.

_____. *God Has Many Names*. Philadelphia: The Westminster Press, 1982.

_____. Is there a doctrine of the Incarnation? In: GOULDER, Michael (dir.). Incarnation and Myth. The Debate Continued. Michigan: Eerdmans Publishing Company, 1979.

_____. *The Metaphor of God Incarnate*. Christology in a Pluralistic Age. Louisville: Westminster-Knox Press, 1994.

_____. The Myth of God Incarnate. In: HICK, John. *An Autobiography*. Oxford: Oneworld Publications, 2003.

_____. The Non-Absoluteness of Christianity. In: HICK, John; KNITTER, Paul. *The Myth of Christian Uniqueness*. Toward a Pluralistic Theology of Religions. New York: Orbis Books, 1987.

_____ (dir.). *The Myth of God Incarnate*. London: SCM Press, 1977.

JENSEN, David H. *In the Company of Others*. A Dialogical Christology. Cleveland: The Pilgrim Press, 2001.

KNITTER, Paul. Can Our "One and Only" also Be a "One among Many". In: KNITTER, Paul. *Jesus' Uniqueness*. A dialogue with Paul Knitter. New York: Orbis Books, 1997.

_____. *Introducing Theology of Religions*. New York: Orbis Books, 2002.

_____. Is God's Covenant with Victims a Covenant against Oppressors? Aloysius Pieris and Uniqueness of Christ. In: CRUSZ, Robert; MARSHAL, Fernando; ASANGA Tilakaratue (dir.). *Encounters with The Word*; Essays to Honour Aloysius Pieris. Colombo: EISD, 2004.

_____. *Jesus and the Other Names*. Christian Mission and Global Responsibility. Oxford: Oneworld Publications, 1996.

_____. La théologie catholique des religions à la croisée des chemins. *Concilium* 203 (1986) 129-138.

_____. *No Other Name?* A Critical Survey of Christian Attitudes Toward the World Religions. New York: Orbis Books, 1985.

_____. *One Earth Many Religions*. Multifaith Dialogue and Global Responsibility. 2. Ed. New York: Orbis Books, 1995.

KOLVENBACH, P. H. *Faubourg du Saint-Esprit*. Entretien avec Jean-Luc Pouthier. Paris: Bayard, 2004. p. 67-69.

MÉNARD, Camil. Jésus le Christ est-il l'unique sauveur? Le salut chrétien confronté aux autres religions de salut. In: PETIT, Jean-Claude; BRETON, Jean Claude (dir.). *Jésus;* Christ universel? Interprétations anciennes et appropriations contemporaines de la figure de Jésus. Montréal: Éditions Fides, 1990.

MENEZES, Rui de. Religious Pluralism in the Old Testament. *VJTR* 64/11 (2000) 834-844.

MERRIGAN, Terrence. Exploring the Frontiers: Jacques Dupuis and the Movement "Toward a Christian Theology of Religious Pluralism". *EAPR* 37/1 (2000).

MOINGT, Joseph. Rencontre des religions. *Études* 366/1 (1987) 97-110.

O'COLLINS, Gerald. Christ and the Religions. *Gregorianum* 84 (2003) 347-362.

_____. Incarnation under Fire. *Gregorianum* 76 (1995) 263-280.

PARRINDER, G. *Avatar and Incarnation*. The Divine in Human Form in the World's Religions. Oxford: Oneworld Publications, 1997.

PIERIS, Aloysius. *An Asian Theology of Liberation*. Edinburgh: T&T Clark, 1988.

_____. Christ Beyond Dogma. Doing Christology in the Context of the Religions and the Poor. *LS* 25 (2000) 187-231.

_____. Chronique. Redemptoris Missio. *Concilium* 237 (1991) i-iii.

_____. Cristo más allá del dogma. Hacer cristología en el contexto de las religiones de los pobres (I). *RLT* 52 (2001) 3-32.

_____. Cristo más allá del dogma. Hacer cristología en el contexto de las religiones de los pobres (II). *RLT* 53 (2001) 107-124.

_____. *Fire and Water*. Basic Issues in Asian Buddhism and Christianity. New York: Orbis Books, 1996.

_____. *God's Reign For God's Poor*. A Return to Jesus Formula. 2. ed. Gonawila-Kelanina: Tulana Reserch Centre, 1999.

_____. Inculturation as a Missionary/Evangelical Presence in a Religiously Plural Society: Two Examples from Sri Lanka. *EAPR* 32 (1955) 81-86.

_____. Inter-religious Dialogue and Theology of Religions. *EAPR* 29 (1992) 365-376.

_____. Inter-religious Dialogue and Theology of Religions. An Asian Paradigm. *EAR* 29 (1992) 365-376.

_____. Le Christ a-t-il une place en Asie? Vue Panoramique. *Concilium* 246 (1993) 49-66.

_____. Le défi du bouddhisme. *Concilium* 203 (1986) 85-92.

_____. Le problème de l'universalité et l'inculturation au regard des schèmes théologiques. *Concilium* 256 (1994) 95-106.

_____. Les pauvres et le Règne de Dieu. *Spiritus* 140 (1995) 339-347.

_____. *Love Meets Wisdom*. A Christian Experience of Buddhism. New York: Orbis Books, 1988.

_____. The Christhood of Jesus and The Discipleship of Mary. An Asian Perspective. *Logos* 39/3 (2000) 1-115.

_____. The Problem of Universality and Inculturation with Regard to Patterns of Theological Thinking. In: *Fire and Water*. Basic Issues in Asian Buddhism and Christianity. New York: Orbis Books, 1996.

_____. *Une théologie asiatique de la libération*. Paris: Centurion, 1990.

_____. What Kind of Church Do We Wish to Be? *The Month* (2000) 428-435.

SWIDLER, Leonard; MOJZES, Paul (dir.). *The Uniqueness of Jesus*. A dialogue with Paul F. Knitter. New York: Orbis Books, 1997.

TEIXEIRA, Faustino. Claude Geffré: Teologia inter-religiosa. In: TEIXEIRA, Faustino. *Teologia de les religions*. Visió panoràmica de la situació actual. Barcelona: Claret, 2002.

_____. Karl Rahner e as religiões. *PT* 36 (2004) 55-74.

TILLEY, Terrence W. "Christianity and World Religions". A recent Vatican Document. *TS* 60 (1999) 318-337.

VIGIL, José María, *Teología del pluralismo religioso*. Curso sistemático de teología popular. Córdoba: El Almendro, 2005.

WALDENFELS, Hans. "Christ Beyond Dogma?" Some Remarks on Aloysius Pieris' Renewal of Christology. In: CRUSZ, Robert; MARSHAL, Fernando; ASANGA, Tilakaratue (dir.). *Encounters with The Word;* Essays to Honour Aloysius Pieris. Colombo: EISD, 2004.

WILFRED, Felix. Une nouvelle manière d'être chrétien. Préparer la rencontre avec des voisins d'autres croyances. *Concilium* 279 (1999) 59-65.

Textos do Magistério da Igreja Católica

CONGRÉGATION POUR LA DOCTRINE DE LA FOI. *Le Seigneur Jésus.* Déclaration *Dominus Iesus.* Sur l'unicité et l'universalité salvifique de Jésus-Christ et de l'Église. Paris: Centurion-Cerf-Fleurus-Mame, 2000. [Em português, disponível em: <http://www.vatican.va/roman_curia/congregations/cfaith/documents/rc_con_cfaith_doc_20000806_dominus-iesus_po.html>.]

CONSEIL PONTIFICAL POUR LE DIALOGUE INTERRELIGIEUX. *Le dialogue interreligieux dans l'enseignement officiel de l'Église catholique (1963-1997).* Paris: Éditions de Solesmes, 1998.

CTI. Théologie, christologie et anthropologie (1981). In: CTI. *Textes et documents (1969-1985).* Paris: Cerf, 1988.

CTI. *Documentos 1969-1996.* Madrid: BAC, 1998.

Impresso na gráfica da
Pia Sociedade Filhas de São Paulo
Via Raposo Tavares, km 19,145
05577-300 - São Paulo, SP - Brasil - 2018